在舒適圈自律

別當工作狂！唯有自律，才能享受人生

湯小小　著

前言

「自律」也可以輕鬆達成

今年是我全職寫作的第十二年。

作為一個自由工作者，我面臨的最大考驗是：如何才能足夠「自律」。

畢竟，我不用朝九晚五地打卡，想幾點起床就幾點起床，想摸魚就摸魚，不想工作時就不工作。沒有人監督，不用對任何人交代工作。如此過度的自由，有時候也會成為拖累，讓人活得不規律、不健康，沉迷於享樂，而無力實現目標。

所幸，這些年的自由職業生涯，我一直保持著極度自律。每天按時起床，並堅持寫一篇文章；公眾號（編注：公眾號微微信上可供行銷推廣，企業宣傳的平台）「湯小小」

保持日更；每個月準時開班，幫學員解決各種問題；每年做一到兩個新項目；學一項新技能……

這樣日復一日地自律，不知不覺間，我拿到了很多連自己都不曾想過的成果：

在紙媒時代，一年發表1400篇文章；

做自媒體時，積累了350萬名讀者；

成立寫作營，幫4萬名學員實現了寫作變現；

出版了兩本書，製作了10門課程；

從鄉下小女孩成長為公司創始人，有了自己的團隊。

經常有人問我：每天堅持寫一篇文章，一堅持就是十二年，到底需要多大的毅力才能做到呀？其實，我從來沒有覺得堅持寫作十二年是一件辛苦的事，更不覺得需要用到毅力。相反地，我覺得很輕鬆，哪天讓我不再堅持了，我反而會覺得難受。

自律從來都不是苦苦堅持。像苦行僧那樣生活，沒有人會喜歡，也沒有人願意多年如一日那樣過。真正的自律，其實很輕鬆，而且是越自律越輕鬆，就像肌肉記憶一樣，你不用多有毅力，便會不由自主地做那些重要的事。

因為自律，我還獲得了足夠的自由。因為可以高效地把事情做完，能騰出足夠自由安排的時間；又因為取得的那些成果，讓我擁有了更多的選擇權，每天只需要工作3個小時，其他時間可以有更多新學習、做自己喜歡的事情，過自己想要的生活。

輕鬆、自由、想要的事業成果、理想的生活，這些都是自律帶給我的。很多人都知道自律的威力，可是在自律的過程中，總是會出現各種各樣的問題。

有些人自律得特別痛苦，如同「頭懸樑，錐刺股」，所以很害怕自律，也很難堅持下去，畢竟，誰願意過苦日子呢？

有些人自律得特別低效，每天忙著做各種事情，學習各種知識，可就是效率低下，花了大量時間，卻始終拿不到滿意的結果。

有些人總是上癮失控，忍不住玩遊戲、刷短影音，控制不住自己，以至於重要的事情沒完成，生活和工作都處於失控狀態。

有些人做事拖延，不管多麼緊急的事情，總是拖到最後一刻才肯行動，時間不夠，只能敷衍或加班，所以常常誤事。

有些人總是3分鐘熱度，明明想要一直自律，可堅持了十天半個月就不了了之了。久而久之，這些人會越來越懷疑自己，也越來越沒有信心。

一自律就著急，總想儘快看到成績，結果越急越焦慮，越急越不能自律。自己百思不得其解，明明那麼想自律，為什麼做不到呢？

我不喜歡咬牙堅持，更不喜歡苦苦自律，不管做任何事情，我都會研究怎麼做才能更輕鬆地做好它？

對自律這件事，我也找到了很多可以輕鬆自律的方法，讓大家不用太辛苦，不用加班，用舒適的狀態去自律。

經常有人說「自律需要跳出舒適圈」，可是，我認為只有在舒適圈，人們才會更輕鬆更自在。但在舒適圈裡不代表你可以直接「躺平」不努力。在舒適圈，一樣可以努力，可以快速成長，可以養成自律的習慣。

太痛苦的事情很少有人能堅持，但如果能在舒適圈，我們更容易堅持做一件事。這些年我就是這麼做的，從來沒有跳出過舒適圈，但一樣做到了極度自律，並獲得了快速的成長。

所以在本書，我會和大家分享我在自律過程中最容易遇到問題，分享如何在舒適圈自律的76種方法。每種方法都很容易實際操作，看完會相信應該會受益匪淺。看完本書後，相信你一定可以輕鬆養成自律的習慣，可以用自律獲得自己想要的成績和自由。

CONTENTS・目錄

2 為什麼你自律的效率那麼低

3 為什麼你總是上癮失控

4 為什麼你總是在拖延

5 為什麼你總是3分鐘熱度

6 為什麼越著急越無法自律

第1章

為什麼你自律的那麼辛苦

人性是充滿惰性的，沒到緊要關頭，是不會使出全力的，但一個有智慧的人，並不會把自己逼到谷底才努力，而是預見自己不努力的未來，將是沮喪、絕望，被眾人唾棄的，若等到喪失所有資源才覺悟，那時通常年歲已長，時機也已過了。

——盧蘇偉《你要配得上自己所受的苦》

人的天性是充滿著惰性的，但如果是個有智慧的人，就會知道要應該早點努力、早點自律。在自律的路上如果能輕鬆一點，就更容易堅持，也會更愉快。

有些人之所以無法做到自律，是因為把自律搞得太痛苦了。像孫敬那樣頭懸樑，像蘇秦那樣錐刺股，覺得如此痛苦了，估計如果聽到「自律」兩個字就會感到害怕。而且太痛苦，注意力都在痛苦上，很難關注到真正要做的事情。

這就像你去參加某次談判，為了談判成功，你穿了一件很昂貴的衣服，但是這件衣服讓你很不舒服，行走坐立難安，你的注意力就會一直在衣服上，很難全身心地投入談判。如果這件衣服很舒服，你就會忘記它的存在，只專心談判，不但整個人更輕鬆，成功的概率也更高。自律和這件衣服有異曲同工之妙。只有讓自己不那麼痛苦，儘量輕鬆一點，才會忽略自律，讓它變成一個工具，幫助我們達成一個又一個目標，做成一件又一件事情。自律不是目的，用自律來達成目標才是。

這本書，我不會教你如何痛苦地自律，而是教你盡可能輕鬆地自律，直到忽略自律這件事，把它變成肌肉記憶，讓它像吃飯喝水一樣自然而然。在正式學習之前，我們先來看看以下幾個小場景，看看你屬於哪一種：

01、想做的事情特別多，想學習寫作，想學習拍影片，又想學畫畫，感覺時間完全不夠用，經常糾結內耗。如果一件事情沒有按時完成，其他的事情都會受影響，然後情緒崩潰，覺得自己很失敗，幹什麼都不行！

02、挑戰日更一百天，不知道自己能不能完成，心理壓力很大，連做夢都在想這件事情。每天為此花費大量的時間，堅持到第三十天時覺得太累了，再也不想日更了，這簡直不是人幹的事啊！

03、想利用健身來減肥，預計每天早上五點起床到社區跑步，第一天覺得還行，第二天咬咬牙也堅持住了，第三天根本不想起床，一想到要早起跑步就覺得生無可戀，算了，還是讓自己胖死吧！

為什麼別人可以同時做很多事情，每件事都做得很好，你卻不行呢？為什麼別人可以日更幾年，你卻連一百天都做不到呢？為什麼別人可以早上4點半起床跑步，你卻連5點都起不來呢？

其實不是你比別人差，也不是你天生沒有別人自律，而是你用錯了方法。

別人同時做很多事情，但每件事都是自己所熟悉的，做起來毫無壓力，也不會花費很多時間和精力，所以別人自律得不僅輕鬆，效果還很好。別人堅持日更幾年，是因為之前就一直在寫作，還有收益的激勵，日更對別人來說，並不是很難的一件事情。別人可以早上4點半起床跑步，是因為別人喜歡跑步，享受跑步的快感，一天不跑渾身不對勁。

那麼，怎麼才能成為像別人那樣輕鬆自律呢？

01 自律需要選對方向

《愛麗絲夢遊仙境》故事講述的是主角愛麗絲參加一個莊園參加聚會，誤入了仙境。愛麗絲走到一個通往不同方向的路口，她不知道該往哪裡走，於是向小貓求助：

「請你告訴我，想要離開這裡應該走哪條路呢？」

小貓說：「這就要看你想要去哪裡了。」

愛麗絲說：「去哪裡都可以，那都不重要。」

小貓說：「那你喜歡走哪條就走哪條吧，都沒關係。」

試想一下，你像愛麗絲一樣，不知道自己要去哪裡，於是隨便選了一條路走。你不停地走啊走，走得筋疲力盡、口乾舌燥，還覺得自己好努力，一刻也沒有停歇。結果走了一天，發現四周還是那些景色，自己又累又餓，是不是瞬間感到崩潰？並且開始各種懷疑自己、懷疑人生？

為什麼這麼糟糕？因為你沒有方向！沒有方向的自律，本質上都是自虐，除了得到心理安慰和自我感動，其他什麼都沒有，還把自己累得半死。很多人早起的理由只是認為努力上進的人就應該早起，起得晚就是不自律的表現。所以每天起床都很痛苦，就算堅持一年，也看不到自己有任何進步。很多人每天跑步，原因是認為一個自律的人應該要跑步，不跑就是不自律，所以跑得很痛苦，常常無法堅持，還總是糾結小腿是不是因為跑步而變粗了。

這些其實都是因為沒有方向，就像在路上漫無目的地行走一樣，雖然一刻也不肯停歇，不停地在往前走，但沒有方向，除了消耗精力和心力，其他什麼都得不到。

人生最怕的就是沒有方向，自律也是，所以在決定自律之前，請選對方向，方向不對則努力白費，方向對了事半功倍。到底怎麼才能選對方向呢？

1 選擇合適的目標

請記住一句話：「自律只是工具，它是為了幫你達成目標而存在的。沒有目標，自律將毫無意義。」比如說：「我想要減肥。」這是目標，為了達成這個目標，我需要自律。如果我沒有減肥的需求，就不需要在這件事情上自律，甚至根本不需要注意它。

事實上我真的沒有這個需求，有一次跟朋友們一起吃飯，大家都在聊怎麼節食，怎麼減碳（編注：減少碳水化合物的簡稱），怎麼花錢找專業人員指導，甚至每一道菜端上來，她們立即計算出熱量，再決定吃還是不吃，以及要吃多少。而我不知道每道菜的熱量，也根本不關心，只要是喜歡的菜，我都會嘗一下。那頓飯別人吃得痛並快樂著，我是完全快樂著。朋友們在吃飯上自律，是因為她們想控制體重，這是她們的目標，我沒有這樣的目標，所以我不用在這件事情上消耗心力。但是我有其他的目標，比如說，我在運營帳號時，想要一年內做到吸引10萬名粉絲，那我就需要每天更新內容。為了每天更新內容，我就必須足夠自律，保證自己每天都能寫出一篇文章。

一個人為目標努力的時候，心裡是充滿希望的，同時能看到自己一步步接近目標。這個過程再苦都感受不到，更多的是喜悅和期待。痛不痛苦這件事，本來就很主觀。而且，一個人有了目標才能看到成果，有了成果，所有的付出都是值得的。

哈佛大學曾經做過一個調查，調查一群智商、學歷、生活環境都差不多的年輕人。這些人裡有27%完全沒有目標，60%目標模糊，10%有清晰但短期的目標，3%有清晰且長期的目標。25年後，27%完全沒有目標的人窮困潦倒，過得非常不如意，只會整天抱怨；60%目標模糊的人活成了最普通的普通人，平平無奇毫無成績；10%有清晰但短期目標的人成了專業人士，生活過得體面又有意義；3%有清晰且長期目標的人則成了社會精英。

這就是目標的力量，大家的起點差不多，同樣每天都在勤勤懇懇地學習和工作，沒有目標的人最後什麼都沒有得到，有目標的人得到了自己想要的。

「自律」也是一樣的，沒有目標，哪怕過得再自律，最後也只是空有一個自律的人設，不會有任何成績，因為你自己都不知道自己想要什麼。而有目標的人，往往能利用自律得到自己想要的。所以，一定要確定你的目標是什麼。在制定目標時，我們應注意以下幾個問題。

01、制定長期目標和短期目標。比如說，我要成為一位作家，這是長期目標，但這個目標太大了，需要長時間才能完成，甚至久到看不到希望，凡是看不到希望的，就很容易放棄。所以最好再有一些短期目標，比如這個月先學習寫作方法。

02、目標越明確越好。比如說，「努力減肥」這樣就不夠明確，訂定「一個月減5公斤」比較明確。「多讀書」不明確，「一個月讀5本書」就很明確。目標越明確，方向越清晰，也就越知道怎麼去做。

03、目標需要跳一跳才能完成。目標太高搆不到，會失去信心；如果目標太低會沒有挑戰性，沒有挑戰性也就沒有樂趣。在制定目標時，最好是自己跳一跳才能完成的，這樣既不會太輕鬆，也不會難到想放棄。比如說，每天運動30分鐘對你來說很容易，50分鐘會有點累，但咬咬牙也能完成，那就訂定「每天運動50分鐘」。

2 選擇合適的方法

有了目標，還要選擇合適的方法。打個比方，你要從台北去高雄，是坐飛機、乘高鐵還是自駕？通往目標的方法往往不止一種，如果選擇了不適合自己的，就會感到辛苦，也很難堅持下去。

拿我自己來說，早在兩年前，我就一次次地下決心：「一定要堅持健身。」並且每年的年度計畫裡面，我都會把這一項寫進去。比如我二〇二一年的計畫是這樣的。

後面幾項難度比較大的計畫都完成了，只有前面兩項沒完成，書沒有出版是因為我一直沒想清楚該出什麼書，不想隨便湊數。看起來很容易的健身居然也沒有完成，是因為好多健身方法我都不喜歡，甚至排斥。我嘗試過跳繩和跑步，每次累得氣喘吁吁，心跳加速，雖然勉強能做，但真的感受不到一

202一年計畫表：

1. 每天健身 30~60分鐘
2. 出版一本個人成長的書籍
3. 開設一個新的寫作訓練營
4. 看 50本書
5. 公眾號「湯小小」粉絲數達 50萬
6. 開設視頻號（編注：視頻號是微信推出的短影片創作平台）

點樂趣，只要先生不催促我，我就不想去做。也試過打羽毛球，雖然這種運動我挺喜歡的，但每次打完後右臂總特別瘦，甚至手發抖。作為一個全職寫作者，我每天都要寫文章，手發抖會影響工作。而且打羽毛球必須兩個人參與，需要場地，還需天氣好，無風無雨才行。基於種種原因，我打了幾次後就放棄了。也想過學瑜伽，每天強迫自己去上課。但發現我的時間上根本不允許，上一個小時課，再加上花費在路上的時間，每天必須耗費至少兩個小時。後來我找到了一個很適合自己的方法，才終於把健身這件事堅持下來，並且堅持得不亦樂乎。我每天早上7點準時起床，鍛煉40分鐘，7點40結束，這40分鐘時間很短，完全不耽誤工作，而且我還利用這40分鐘，一邊跟著直播跳形體操一邊背唐詩，8個月把《唐詩300首》背完了。

形體操很像廣場舞，甚至比廣場舞還要簡單，正因為它不劇烈，體力上完全可以承受。動作雖然簡單，卻可以鍛煉到身體的許多部位。我從一個很害怕健身的人，不知不覺也健身一年了，我知道這不是因為我特別自律，而是因為選對了健身的方法。在通往目標的路上，方法對了，自律就會更輕鬆，也更能堅持。想要選對適合自己的方法，我們可以從以下3個方面去做。

01、選自己喜歡的。興趣是最大的動力，在通往目標的路上，如果哪種方法是你喜歡的，儘量選它。比如說，很多人想跟我學寫作，我都會建議他們寫他們喜歡的文體。可以寫的文章有很多，觀點、故事、影評、書評、人物稿，直接寫自己喜歡的會更輕鬆，寫得也更開心。

02、符合自身情況的。每個人情況不同，適合的方法也不同。比如讀書，你喜歡沉浸式閱讀，也有大把時間可以一次讀一本；如果你很難讀進去，也沒有大把時間，可以每天讀10頁。就以我健身這件事來說，跳繩、跑步、打羽毛球、瑜伽都不適合我自身情況，即使我想做，也會因為現實原因而不方便做，但跳形體操就符合我自身的情況，所以很容易就做到自律了。

03、得心應手的。每個人的能力不同，同樣的事情，有的人做起來得心應手，有的人做起來痛苦不堪。比如說減肥的方法有很多，包括運動、節食等，哪一種你做起來毫無壓力就選哪一種。很多時候，我們不知道自己的優勢是什麼，但經由行動過程中的感受就能判斷，做起來得心應手的，就是你的優勢。

當然，就算按照以上三點去做，你可能還是無法馬上選對合適的方法。沒關係，我們可以不斷嘗試，我選對健身方法時，就嘗試了好久。有了目標，又有了適合自己的方法，自律將是一件既美好又自然而然的事情，根本不會覺得痛苦。

02 自律需要綁定銷售

人生總有一些苦是繞不過去的。在完成目標的路上，我們可以選擇適合自己的方法，但並不代表這種方法就毫無痛苦可言。更何況，有些時候根本沒有太多方法可以選。你想成為一個寫作者，當然可以選自己喜歡的文章類型，但不管選哪一種，都得老老實實坐下來，一個字一個字地把文字敲出來；你想成功減肥，無論運動還是節食都不喜歡，但若你有減肥的需求，且這個欲望足夠強烈，就需要強迫自己去做。

這些過程會比較痛苦，但無可避免，所以我們才需要自律。如果一切都輕輕鬆鬆、舒舒服服的，就不需要保持自律了。不過，我們還是可以用一些小技巧，讓10分痛苦減輕到5分，讓原本容易忽略、無法堅持的事情，能夠不那麼辛苦地堅持下去。比如說，「綁定銷售法」。就像超市銷售產品，有些產品特別暢銷，根本不愁賣，但有些產品容易滯銷，賣不出去就過期了。在這種情況下，商家會選擇綁定銷售法，把容易滯銷的產品和暢銷的產品綁定在一起。比如說，買洗潔精會綁定銷售洗碗布，買速食麵會綁定銷售碗。綁定以後，消費者會覺得好划算，反而更容易購買。

我們可以把這種方法用在自律上。我是一個很討厭痛苦的人，很不喜歡「苦苦堅持」這個詞，一直在尋找輕鬆自律的方法，所以接下來我要分享的，都是我用過很多遍並且有效的綁定銷售法，看起來不起眼，但真的特別好用。

1 和喜歡的事情綁定

我喜歡追劇，當晚上寫作營不講課時，就會跑到書房，打開影片App，追上熱播劇。追完劇正好寫劇評，也是公眾號日更。在「湯小小」這個公眾號上，我發過無數篇劇評，讀者也喜歡。所以不管是出於興趣還是工作需要，追劇都是我最愛的娛樂方法。

但是我很討厭運動，跑步、跳繩這些運動太劇烈，打羽毛球又受場地環境等各種限制，最後我選擇了跳形體操。這個運動非常適合我，可以鍛鍊肩頸和腰；其次還有一個很重要的原因，可以一邊運動一邊追劇。追劇太快樂了，讓人忽略掉運動的疲累和不適。當我單純做運動的時候，每個動作都覺得累人，覺得自己在苦苦堅持，但如果是一邊追劇一邊運動，注意力就被劇情吸引了，身體基本上感受不到疲累。所以很容易堅持，一開始我是靠著綁定追劇才堅持下來的。但後來我覺得早上的時間太寶貴了，用來追劇有些浪費，追劇放在疲倦的時候更好。於是運動時我開始改背唐詩。背唐詩也是我喜歡的，作為一個全職寫作者，我很早就想背唐詩，只是一直沒有時間，正好把它和運動結合。人的注意力沉浸在詩詞的世界裡，哪怕運動得大汗淋漓，也不怎麼感到疲倦。

這種方法我還加以運用在女兒身上。我女兒愛玩，好勝心很強，特別喜歡玩遊戲，享受贏的快感，經常纏著爸爸媽媽陪她玩遊戲。一切玩的東西她都喜歡，但偏偏不喜歡念書。有段時間在家視訊上課，老師要求背一首唐詩，她背了兩天都沒有背會。不是記憶力不行，而是根本就不想背，每次讓她背她就不出聲，在心裡默念一遍敷衍了事。念叨她時，她還很委屈，說自己已經很努力在

不喜歡做的事	喜歡做的事
運動	追劇
早起	寫作
化妝	聽音樂
社交	拍照
學英文	聽書

背了。

後來我就想到，乾脆把背唐詩和遊戲結合起來吧。吃午飯時我提議：我們來玩個遊戲吧，每人背一句詩，誰背不出來算誰輸。對於詩的選擇，當然是那首女兒一直沒背會的。為了贏我們，她把語文課本攤開，不時偷偷地瞄一眼，換我們接龍時，她就默默地背誦，我們背錯時她就第一時間指出來。結果一頓飯還沒有吃完，她就把那首唐詩背得滾瓜爛熟了，而且全程都是開心的，不像以前，一讓她背書就哭喪著臉。她沉浸在遊戲的快樂裡，心裡想著贏，不但不覺得背詩痛苦，還背得更用心了。

人在做自己喜歡的事情時，大腦會分泌多巴胺，多巴胺不但讓人心情更愉悅，還有一定的止疼效果。所以，將不想做的事和喜歡的事綁定，對痛苦的感知就會減弱。例如，做喜歡的事愉悅度是10分，做討厭的事情是-5分，最後總和就還有5分，整體來看你還是愉悅的。那麼那點痛苦就不算什麼了，如此也能長長久久地做下去。

如果一件事情你不喜歡但必須得做，可以拿出一張紙，寫下你不喜歡的事情，同時寫下你喜歡的事情，看哪一件喜歡的事情可以和不喜歡的事情結合起來。

2 和固定事件綁定

我不喜歡在生活瑣事上消耗精力，但有些事情還是得做，比如敷面膜。女人總是愛美的嘛，何況我經常需要出鏡拍照或拍影片，皮膚狀態如果太差，拍出來的效果也很糟糕。但是我真的是很懶得敷面膜，夏天嫌熱冬天嫌冷，春秋天覺得懶散，總覺得抽不出時間，所以總是容易忘記。有幾年時間我幾乎一個月敷不了一次，我當然知道長此以往肯定不行，敷面膜這件事必須加入自律清單裡！不得不說，人只要真正想做一件事，辦法總是比困難多。

雖然我總忘記敷面膜，但絕不會忘記洗頭，最少兩天必須洗一次，否則頭髮就會黏TT，於是我決定每次吹頭髮時都要邊敷面膜。很多事情，我們無法堅持著做，是因為不做影響沒那麼大，或者說肉眼暫時看不到影響。但不做就馬上可以看到結果的事，反而更容易堅持。吹頭髮是必做且固定的事，敷面膜和它綁定在一起就不會忘，也不會找各種藉口不做。如此我兩天敷一次面膜堅持了好幾年，除了剛開始做時覺得辛苦，後來就一點都不覺得痛苦了，哪天不敷還會覺得好似白白浪費了時間。

生活上很多事都可以這樣綁定。比如說，想讀書，但總覺得沒時間或總是忘記，那就試試每天晚飯後讀半個小時，或者洗漱完後讀半個小時。晚飯是必吃的，不管幾點

需要自律的事	固定的事
讀書	吃飯
喝水	上班
運動	洗漱
寫作	起床

吃，吃完飯讀半個小時書就好了。洗漱也是每日必做的，洗漱完就拿起書本。和每天固定做的事綁定，不固定的事就會因此固定下來，這樣會形成條件反射。關於條件反射，有一個大家很熟悉的詞叫：「望梅止渴」，我們的大腦是有記憶的，吃酸味食物時會流口水，大腦記住了這些反應，下次看到或聽到酸味食物時，就會不由自主地流口水。

把不那麼想做或總是容易忘記的事情和固定的事情綁定，就是一個形成條件反射的過程，只要一做那件固定的事，就會想到那件不想做或容易忘記的事，這樣就很輕易地把事情記住並堅持，哪天不做反而不習慣。

現在，可以拿出一張紙，把固定的事情寫下來，然後想一想，需要做又不太想做或容易忘記的事情，可以和哪一件綁定呢？

03 自律需要循序漸進

學游泳時，老師不會一開始就教你很難的游泳姿勢，而是先教你怎麼憋氣，然後教你手部動作，再教你腿部動作，最後才教你怎麼游。學跳舞時，老師也不會一上來就教你跳完整的舞，而是先一個動作一個動作地教，每一個動作都學會了，最後才跳完整的舞。這就是循序漸進，從難度最小的事情開始，一步步拓展，最後輕鬆達成預定的目標。

而本章開始提到的那些小場景，有些是同時要做的事情太多，有些是一開始難度就太大，沒有一個循序漸進的過程，所以覺得很痛苦，也很難做成功。到底怎麼才能循序漸進呢？從以下幾個方面去做，你也會輕鬆變成自律高手。

1 從作息規律開始

如果一篇文章都沒有寫過，卻一上來就挑戰日更一百天，這當然痛苦指數破表。可以先從簡單的小事開始鍛煉，比如先做到作息規律。不要覺得作息規律沒有什麼用，認為它不能幫你達成目標。你一定聽過蝴蝶效應吧？一隻南美洲亞馬遜河流域熱帶雨林中的蝴蝶，偶爾煽動幾下翅膀，可能在兩週後引起美國德克薩斯的一場龍捲風。從簡單的小事開始自律，一樣可以產生蝴蝶效應。拿作息規律來說，至少有3個好處。

01、精力更充沛。一個天天熬夜的人，哪有精力很自律地去做事，就算強迫自己做了，效率也不會高。

02、更有成就感，更有自信心。每一件微不足道的小事，做成了都能增強你的自信心，而自信心比任何激勵都重要。

03、有自信可以變得更好，做得更多。潘朵拉的魔盒一打開就很難關上，自律也是一樣的，作息規律做到了，會覺得自己可以做得更好，繼而更願意在其他事情上自律。

很多人之所以挑戰日更一百天失敗，是因為不但之前沒有寫過文章，甚至連作息規律都沒有做到。所以，看起來要做的只有日更一百天這一件事，實際上背後要做的功課特別多：

- 要做到早睡早起，有時間有精力寫作；
- 需有時間找選題；
- 要先能順暢地寫完一篇文章；
- ……

一下子要做那麼多事情，痛苦和失敗都是意料之中的事。所以要學會循序漸進，先從作息規律開始，再一點點加碼。早上起來不用急著安排很多工作，看看書做做飯，先讓自己適應狀態，再增加內容，比如，作息規律以後，早起不再無所事事，而是繞社區跑個3圈。

所有的自律，基本上都離不開作息規律。一旦作息不規律，你就會有一種失控感，也很難在其他事情上自律。所以，當你覺得自己不夠自律，或者千頭萬緒不知道從哪自律時，就從「作息規律」開始。

2 控制每天的工作量

對，你沒有看錯。自律不是每天盡可能多地做事，而是要懂得節制。

我全職寫作十二年，也嘗試過一天寫很多篇文章，堅持幾天後覺得實在太痛苦了，不是寫作本身痛苦，而是超負荷工作帶來身心俱疲，本來很熱愛的事情變得厭煩。為什麼會這樣呢？我們經由下面的浴缸模型就知道了。浴缸裡面，一邊是進水口，一邊是出水口。進水口裡有專業能力、熱愛、精力，它們都能源源不斷地提供水源。要維持浴缸裡面一直有水，你可以愉快地泡澡，就需要進水比出水多。如果出水太多，浴缸就乾了，想要保持平衡，進水口就需要開得越來越大，超負荷工作。

超負荷工作後，人通常會有以下幾個反應。

01、是厭倦，對這件事情不那麼愛了，愛被消耗殆盡了。

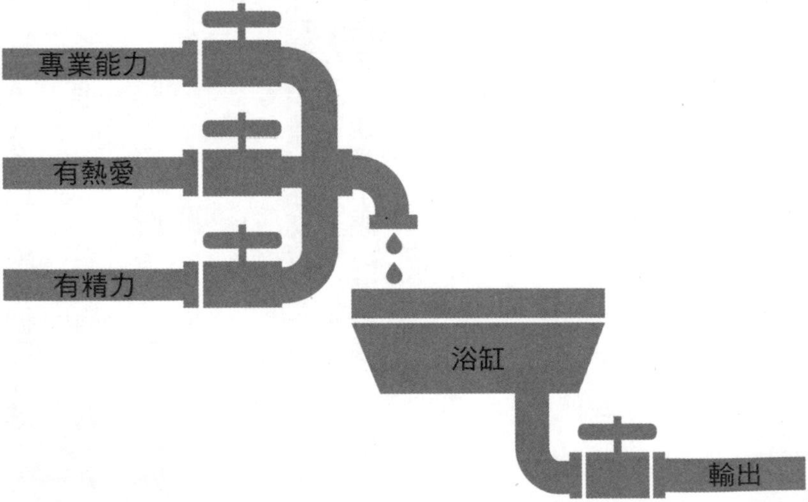

02、是品質下降，因為專業能力和精力也被消耗光了，雖然做得多，但效率很差。

這樣看起來一切都反而是反效果了，對吧？

這些年，我身邊有很多做自媒體的朋友，有些人剛開始很有幹勁，一天寫五篇文章，把一週的量都準備好。但這些朋友喊累也喊得最多，很多人中途賣了帳號，退出了自媒體圈，也有人乾脆不寫原創，以轉載為主了，覺得寫不下去了。

我全職寫作12年，沒有一天覺得累，也沒有厭倦過，每次寫完都覺得自己被治癒了。其中有個重要的原因，就是我很懂得保持興趣和精力，我寧願每天都寫一篇，也絕不一天寫五篇，然後隔五天不寫。

最終的結果，往往不是看你一天做多少，而看你每天做多少。不管是寫文章、健身、讀書還是做其他任何事情，都不要想著一天要做很久、得到很多結果，而是要把它們控制在自己感覺舒適的狀態。當然，一開始可能並不知道什麼是合適、舒適的，有兩個方法測試。

01、慢慢疊加時間測試。半個小時、1個小時、1個半小時……看哪個時間既能有一個滿意的結果，又不會讓自己覺得很累，然後就此固定下來。

02、以結果（量）為導向測試。寫一篇文章，或讀30頁書、繞社區跑3圈……也是不斷經由測試，看哪個結果既是自己滿意又不會覺得太累的，把它固定下來。

不管是按時間算還是按結果算，也都有一個循序漸進的過程，剛開始可能看半個小時書，或看30頁就累了，隨著你越來越熟練，後面可以增加到40分鐘、40頁才覺得累……慢慢遞增，所以剛開始不要貪多，循序漸進最好。

這種方法也可以用在孩子身上，想讓孩子堅持讀書，每天先限制半個小時專心就好，別總是想難得孩子願意讀，就趕緊多安排。若能讓孩子保持感興趣，保證他讀書的品質和效率，比增加讀書時間更重要。

3 一次改變一點點

作為一個寫作者，我偏偏超級不喜歡運動，但長期久坐導致腰和肩頸都容易痠痛，為了健康而必須健身。我看了一下自己的時間表，除了早起，其他時間好像都很難完成，無法達到每日規律。

那就早起吧。但是，我遲疑了很久都沒有做。我通常每天7點半起床，如果要運動1個小時，就需6點半起床，甚至得更早。想想就覺得痛苦，我喜歡睡懶覺，真的不想早起，所以遲遲不願意開始。後來我決定，那就7點起床吧，早起半個小時不是非常困難的事，雖然半個小時有點短，但若能堅持每天運動半個小時也差不多夠了。就算不夠，運動半個小時也總比都不運動來得好吧。於是我把鬧鐘調到7點，比平時早起半個小時而已，真的很容易做到。堅持了四、五個月後，忽然覺得6點半起床其實也不是什麼困難的事，我已經有勇氣去做了。人性的弱點，就是喜歡做自己已經熟悉的事情。

如果要給心理劃分區域，可以分為舒適圈、緩衝圈、恐慌圈（如下圖）。在舒適圈裡，一切都是自己熟悉的，輕鬆自在，沒有任何壓力。如果離舒適圈太遠，到了恐慌圈，人就會很不適應，會感到恐慌和痛苦，想要逃離。緩衝圈介於舒適圈和恐慌圈之間，人會覺得有一定的挑戰性，但也相對舒適，不至於感到恐慌。

我們要做的，就是從舒適圈，往緩衝圈走一步，這一小步不會讓你覺得痛苦難受，但它又確實讓你前進了一步。在緩衝圈待久了，它會變成新的舒適圈，這時候再往前走一小步，依然比較輕鬆，不會覺得痛苦。這樣一步步走，就走到了恐慌圈，但恐慌圈已經

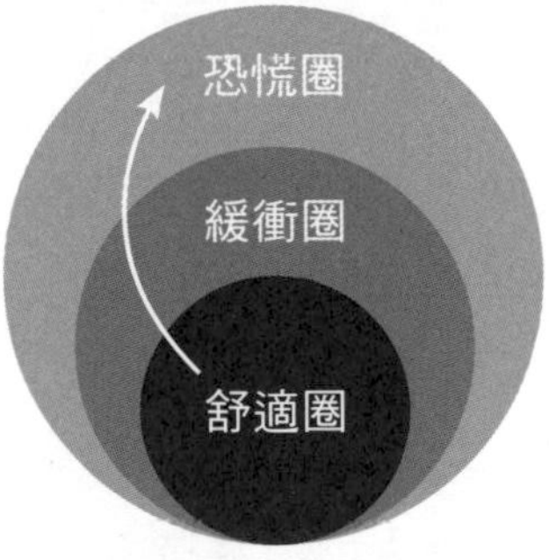

跳出舒適圈

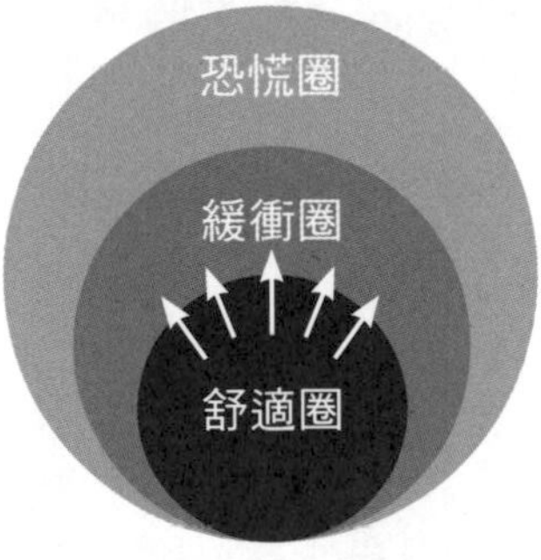

擴大舒適圈

變成了新的緩衝圈，也就不會讓你覺得恐慌了。這就是循序漸進的魅力，不和人性對抗，而是順應它，配合它，輕輕鬆鬆就到達目的地。

有些人為了減肥而節食，如果一開始就完全戒掉主食，只吃很少量的蔬菜水果，會覺得非常餓，進而因為太餓而無法控制自己。短時間或許可以快速減下10幾斤，但因為太痛苦，很容易就放棄而快速反彈。不如每次改變一點點，先少吃主食，多吃蔬菜，然後再慢慢減量，一直減到完全不吃主食。這樣一步步來，身體慢慢接受了這種飲食方式，就不覺得痛苦了，也不會因此失去自制力而反彈。一次改變一點點就好，不要小看這一點點改變，不積跬步，無以至千里。一點點小改變慢慢積累，最後就是翻天覆地的變化。

04 自律需要減少決策

一個普通得不能再普通的一天，早上6點鬧鐘響了，你會想：「我是立即起床還是再賴2分鐘？」起床時你又會想：「我今天穿什麼衣服？襯衫還是裙子？昨天的外衣要不要再穿一天？」終於選好了衣服，洗漱時又想：「今天用冷水洗還是熱水？要不要洗快一點？防曬乳這樣塗得夠嗎？」準備吃飯了，依然會想：「早上吃麵包還是吃雞蛋？要不要來杯牛奶？」

平淡無奇的一天，沒有任何事情發生，你居然已經做了那麼多決策。做決策是一件很勞心勞力的事情，每天做那麼多決策，怎麼會不累呢？這也是為什麼有時候明明什麼都沒有做，卻覺得疲憊不堪的原因。

一個人感覺心累的時候，是很難自律的。自律本身就會消耗心力，你都已經很累了，沒有力氣可以消耗了，當然也就容易放縱自己。即使勉強自己一定要自律，效果也會大打折扣，還搞得自己很累，對於應該自律的事興趣也會降低。所以，我們一定要學會保護自己的精力，儘量少做決策，這樣才有力氣自律，也才能達到更好的效果。

1 控制決策頻率

有些名人的著裝問題經常被媒體拿來討論，比如扎克伯格（facebook 創辦人）幾乎只穿灰色T恤，而賈伯斯（蘋果公司聯合創始人）經常穿黑色高領上衣。理由是，這樣就不用每天考慮穿什麼，可以更專心地做重要的事情。這就是典型的控制決策頻率。既然做決策會消耗心力，人生中需要做決策的事情那麼多，有些事情是必要且不可少的，那就想辦法減少做決策次數，改成傻瓜式操作。

比如說每天的早餐到底吃什麼，這是一個很小但很讓人糾結的事，與其每天為這件事做決策，不如一週抽一點時間，寫下整週的早餐清單。這樣每天早上照著吃就行了，也不用想東想西，簡單省心。又比如說，週末到底是繼續工作還是徹底休息？正常情況下，可能工作多或焦慮了，你就會選擇繼續工作，工作不多或比較有安全感的時候，就會選擇徹底休息。但這樣需頻繁地做決策，如果想減少做決策的次數，就給自己訂定規矩，比如有重要且緊急的事情時加班，其他時間徹底休息。也就是說，想要減少決策次數，我們有兩種方式。

01、列清單。像早餐吃什麼，出門穿什麼衣服，到菜市場買什麼菜，一早上班是要先回信件還是先做報表，出差該準備什麼……這種需要選擇多的事物，會讓我們花大量精力去做決策。這時不如列個清單。我以前每次出差都會擔心東西忘記了帶，每次都得反覆檢查，不但消耗大量時間，還讓自己特別累，越是小的東西就越容易漏掉，例如總忘了帶髮束，結果洗澡時才發現頭髮沒辦法束起來。後來我在手機備忘錄上列了張清單，心理一下子就覺得輕鬆多了，照清單上的東西去準備，然後再複查一遍就可以了，關鍵是再也沒有漏掉這類的小物件。

我自己工作忙的時候，也會提前列工作清單，把一天要做的事情全都記下來，一件件完成。不列清單時會覺得手忙腳亂，總糾結先做後做的順序，而且經常做了這個忘了那個，腦子裡還會想著：哎呀，我是否還漏掉什麼嗎？真的覺得心累。列清單後只要照著執行，決策次數大大減少。下一頁是我某一天的工作清單，給大家參考。

02、制定規矩。像週末是加班還是休息，要不要多出去社交，晚飯後是陪孩子還是讀書，要不要寫讀書筆記……這種雖然決策頻率低但難以選擇的事，可以幫自己定規矩。

在我老家有一位老醫生開了一間小診所，找他看病的人特別多。但醫生年齡大了，也希望有自己的休息時間。可是因為診所就開在自己家裡，病人任何時候都能找到他，這也意味著他根本沒有休息時間。該醫生訂了個規矩，晚上6點後不接診，並在門口張貼了這個規定，如果有病人破例去找他，只要不是人命關天的病，他都會告訴對方明天再來，晚上他不接診。

除了必須和人打交道的事之外，其他自己可以單獨完成

×月×日我的工作清單

時間	事件
08:30～09:00	寫成長營分享
09:00～10:00	一篇公眾號文章
10:00～10:30	發朋友圈並回覆微信訊息
11:00～12:00	寫影片文章
12:00～14:00	午飯和午休時間
14:30～15:00	發朋友圈並回覆微信訊息
15:00～17:00	寫4000字書稿
20:00～21:00	寫作班講課或答疑

的事，同樣都可以訂規矩。比如看完書要不要寫讀書筆記，這是你私人的事。你可以給自己訂規矩如：小說類不寫筆記，乾貨和思維類的寫筆記。這樣以後都照著規矩做就好，不用糾結。

當然，不管是清單還是規矩，並不是制定了就需要一直執行下去的。人畢竟是不停處於變化的，如果你覺得它已經不適合現在的你了，那麼可以根據需要及時更新。

2 控制決策事件

有讀者留言給我：「小小老師，我現在正在學習寫影評，想把影評寫好，同時我也在學習寫遊記，因為我想以後如果出去旅行，肯定是要寫遊記的，而且最好還要會拍影片、剪輯影片，所以我也想學剪輯影片。我還想學理財，我怕不趕緊理財就會錯過資產增值的機會。時間完全不夠用阿，覺得好累，請問你有什麼比較輕鬆的方法嗎？」

我給她的回覆是：先寫影評，等你把影評寫好了，以後寫遊記也沒有問題，等你真的去旅行了再學著剪輯影片。然後等你賺了錢再去學理財，任何時候都不會錯過的。

這位讀者的問題就是想要自律的事情太多，簡直是眼花撩亂，就像把自己放進了一鍋沸水裡，當然會痛苦焦慮。

人確實會有無數件想做的事情，但一個時間段內最好只做一件，把大部分時間和精力放在這一件事情上，如此就既不會覺得太累，也更容易達到效果。

例如，我給自己制定的計畫就是每個月只做一件新事物，一年能做兩、三件就很好了。如此慢慢疊加，長此以往就做了很多事。比如說，我開始只是每天寫一篇文章，只做這一件事，雖然不輕鬆，但畢竟只有一件，堅持下來半年後，我對寫作就逐漸得心應手了，一開始每天要花3個小時，現在只花1個小時。這個時候我再增加新的事物，比如運營帳號。剛開始不熟悉，要學習、摸索，每天至少花3個小時，再加上寫作的1個小時，共需4個小時的時間，雖然比只有寫作要累一點，但只是一開始寫作花3小時，多了1個小時而已，也能接受。半年後，運營逐漸上手了，每天花1個小時就夠了，加上寫作，也不過每天2個小時，又逐漸覺得輕鬆。這時我再增加一件事，比如每天在群裡寫1000字的心得或文章分享。就這樣一點點增加，到現在我做的事情已經是之前的好幾倍了，但並不覺得不能接受，基本上每天工作量只要專心做3個小時就可以完成。

這就是減少決策事件帶來的好處。一個階段只做一件事，只為這一件事忙碌，為這一件事做決策。等這件事做得熟練了，它就不會再消耗我們的心力。這時候再增加一件新事物。同樣必須做5件事，假如每一件事都需要做5次決策。若你每個月都只做一件事，分成5個月來做，那麼每天只需要做5次決策。可若是你每天都想同時做這5件事，一天就需要做25次決策，消耗25次時間和心力，怎麼會不焦慮呢？何況這只是理想狀態，更多的時候是，你還得天天糾結：我到底先做哪一件？我需要在哪一件事情上花費更多的時間？

我們大多數人都沒有辦法同時多線作戰，那就簡單一點，選擇單線作戰。只有新的、有挑戰的事，才會消耗一個人大量的時間和心力，需要人極度自律地去完成。當這件事情成為習慣後，就不需要自律了。在不斷增加新事情的情況下，我可以把寫作這件事堅持了十二年，就是因為除了剛開始它消耗我的時間和心力，需要我極度自律外，後來已經成為一種習慣，根本不需要自律就能完成。不要覺得一件件來完成太慢，很多時候，慢就是快，少即是多。

05 自律需要正向激勵

經常有人問我：「小小老師，我很想自律，可一直看不到成績，慢慢就堅持不下去了，怎麼辦？」

成績，或者說是成果，其實就是對自律的一種激勵。假如你學習寫作，一個月就能靠寫稿拿稿費，每一篇文章都能賺到錢，你肯定會願意自律的，因為稿費就是良好的激勵。可惜大多數的事無法那麼快看到結果，需要走過漫長又看不到曙光的隧道。很多人一開始會懷疑自己是不是走錯了方向，懷疑是自己太笨，甚至懷疑這條路是條死胡同，永遠也走不到頭。

當你開始懷疑自己的時候，就會逐漸不想繼續往前走了，想就地躺平。這條路也因此變得更漫長，看不到希望。很多人之所以無法「堅持」，就是因為缺少正向激勵，做著做著就沒有動力堅持了，最後不了了之。所以，想要更輕鬆地自律，就要想辦法給自己正向激勵。正向激勵可以讓人保持愉快，鼓勵你更積極。心情好了，做事情自然事半功倍。

下面這些狀況你一定也遇到過：如果主管肯定你的工作，把你誇得像朵花，哪怕暫時不能升職加薪，你也會對這份工作充滿樂觀，每天都幹勁十足。但如果主管天天挑剔你，說你這不行那不行，你就不願意好好幹，甚至是連去上班都覺得十分痛苦。朋友誇你情商高，很會處理事情，哪怕是你的缺點，他也覺得很可愛。這樣的朋友是不是讓你覺得，只要和他在一起就很輕鬆、愉快？但如果朋友天天說你哪哪都不好，把你貶得一無是處，你是不是想離他遠遠的？

主管也好，朋友也罷，他們誇你，其實就是一種正向激勵。有了這種激勵，你會覺得開心，再難的事情也有信心搞定。但如果大家都批評你，哪怕你本來信心滿滿的，慢慢地也就變得極不自信了，別說遇到困難了，稀鬆平常的小事你都會覺得自己做不好。當然，成年人不能只靠別人的激勵活著，得學會自己給自己激勵。而現實生活裡，很多人都是自己的負評師，天天懷疑自己，擔心自己這做不好那做不好。

從現在開始，學會給自己正向激勵，你對自己的每一個正向激勵，都像自律路上的糖，一邊走一邊吃著糖，才不會覺得路程既遙遠又無聊。

1 多說積極的話

正向激勵的第一步，就是多說積極的話。不要覺得語言很虛假，事實上，語言決定行動，行動決定性格，性格決定命運。比如，你經常對自己說：我一定能堅持下去，才多大的事啊，別想東想西！這樣的話一但說出口了，在行動上就會更容易堅持，遇到問題不會輕易退縮、害怕。行動起來，就養成不放棄、不退縮的性格。一個不放棄、不退縮的人，自然會有與之相匹配的命運。

語言也是最簡單、最好運用的，所以，不要抱怨，不要給自己負評，不要懷疑自己，多跟自己說：我可以！這不是多大的事！

曾經有一段時間，我天天跟自己說：我太累了，我不想幹了。哪怕每天沒做多少事，還是覺得心好累。後來我意識到這樣不行，就不停地跟自己說：其實我做的事情算輕鬆了，也有很多人羨慕著我，工作就是興趣。這些話說多了以後，那種不想努力、想放棄的心態就慢慢消失不見了。自從那次以後，每次覺得累時，我都會為自己加油打氣，因為我清楚，只要心情好了，一切都會好起來。

有個名詞叫「甘之如飴」，說的就是如此。再痛苦的事，只要開心著做，就會覺得像吃了糖一樣甜。反之，再美好的事，心裡若總是排斥，就會覺得處處難受。但積極的話怎麼說？要注意以下這些細節。

01、多用肯定語氣少用否定語氣。比如：「我不會堅持不下去的！」這是一個雙重否定句，內心更容易接收到的信號是：堅持不下去！

如果可以把它改成肯定句：「我一定會堅持下去的！我一定能搞定這些麻煩！」這樣你內心接收的，才是更積極的信號。

看上去有點不可思議，這不是像喊口號嗎？人有時候，還真的需要給自己喊喊口號，有些口號喊著喊著就成真了。你天天想著自己做不成，就是在暗示自己不行，內心接收到這個信號，就真的不行。所以，不論任何情況下，多給自己積極的暗示，遠離那些天天打擊你、說你壞話的朋友，多接收正能量。

02、針對自己而非他人。我們很難改變其他人，如果你想讓其他人圍著你轉，無異於癡人說夢，九成機率會感到失望。所以暗示時，多圍繞自己，少想他人。比如說：「他一定會偷懶的，這樣我就能贏。」這就是試圖改變別人，基本上沒什麼用，還會讓你變得誠惶誠恐。所以你應該說：「我一定會贏。」這句話的焦點是在自己身上，只有觀照自己才能有用。

03、多用動態而非靜態。比如：「我非常厲害！」這是靜態。「我一定會越來越厲害！」這是動態。為什麼要多用動態少用靜態呢？因為靜態有點自欺欺人，你說你現在很厲害，可是你明明就不厲害啊，這不是睜眼說瞎話嗎？但說自己以後會越來越厲害，這個可信度就高了，誰還不是越變越好呀。而且，中間有緩衝的時間，可以好好努力使自己變得更好。

2 多想美好的一面

如果有人告訴你，今天只要早起出門，就能遇到好事，你是不是馬上就從床上跳起來？但如果有人告訴你，今天出門會遇到討厭的人，你肯定磨磨蹭蹭不想出門。起床之前如果想像著，今天早點出門不堵車，說不定還能遇到奇妙而美好的事，總之今天會是快樂的一天。只要這麼想，起床這件事就不那麼痛苦了。

不想學習時，試想一下，我肯定能考過的，也許還能考個高分，然後還能寫個分享，說不定就突然火紅了。這麼一想，就更願意繼續學習了。

每當你覺得自律很痛苦、很艱難的時候，就多想想好的一面。比如說，寫作雖然還沒有成功，但過程中變得更善於思考了，每次寫完都很有成就感，身邊的人都誇說寫得好。

現實生活中，很多人談感情時，若總想到對方好的一面，就會覺得心裡很溫暖，這段感情就能持續下去；若總想對方壞的一面，就會覺得委屈難過，恨不得馬上分手，再也不要和對方在一起了。想好的一面，和想壞的一面，差別就是這麼大。

心理學上有個麥克斯韋爾定律，意思是說：善於從生活中發現積極的一面，世界將無比美好，處處是機遇；總是從生活中發現消極的一面，眼中的世界全是缺陷和醜惡。

你看到什麼就會得到什麼，所以你要多看好的事情，多想好的事情，不要做一個悲觀者，而要做一個樂觀的人。

3 給自己物質獎勵

電視劇裡常有這樣的劇情：你給我100萬元，讓我做什麼都行！給我100萬元，我每週末都加班！給我100萬元，我願意每天早上起來讀書……

「物質／實質獎勵」就是這麼快速、有效，讓人無法拒絕。

馬斯洛需求層次理論把人的需求分為五個部分，生理需要、安全需要、社會需要、尊重需要、自我實現。前面兩個是物質性價值需求，後面三個是精神性價值需求。

物質的刺激是直接有效的，跟精神比起來，它看得見摸得著。很多人賺到稿費更願意長期寫下去，其實就是有實質鼓勵。只不過，大多數事情沒有那麼快獲得外界的實質獎勵，這個漫長的空白期，讓很多人感到絕望。

但其實，我們還可以自己給自己獎勵。比如說，若能連續自律半個月，可以犒勞一下自己，吃一頓美食，或者送自己一個小禮物。取得了一點成績，同樣犒勞一下自己，把購物車裡很想要的那件衣服買下來，或者出去旅行一趟。這樣不會額外花太多錢，反正有些飯總是要吃的，有些東

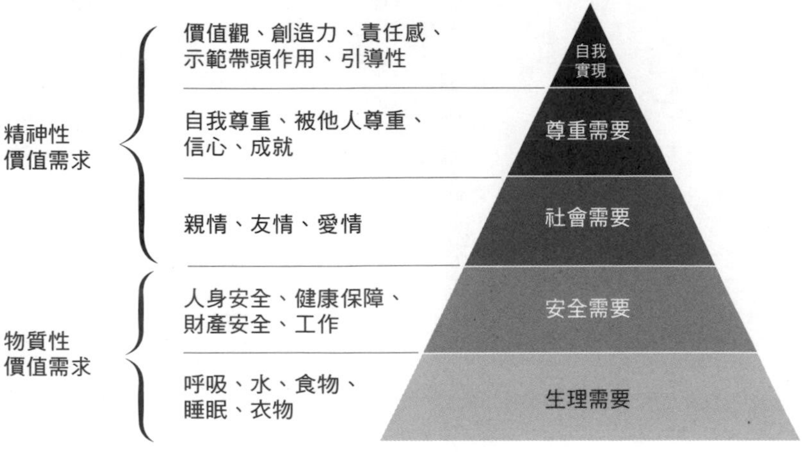

馬斯洛需求理論

西總是要買的。就像我們承諾孩子，考試得了１００分就帶他出去吃好吃的。就算他暫時沒有得到１００分，也是要找其他理由帶他去吃好吃的。

總之，任何一點小成績都該大肆慶祝，最好讓全家人都知道，全家人都來給你鼓勵。這樣內心就會充滿成就感，會覺得你做的事情意義重大，做起來當然更愉快，也更能堅持。不要覺得太小題大做了，激勵自己這件事，怎麼大做都不為過，因為得到激勵的背後，是自信心的增強，以及對未來的篤定。

自律的路程太長了，需要不斷為自己加油打氣，這樣才不會太疲憊，也不會因為路程太長看不到希望而心灰意冷。

第2章

為什麼你自律的效率那麼低

> 努力想得到什麼東西，其實只要沉著冷靜、實事求是，就可以輕易地、神不知鬼不覺地達到目的。
>
> ——卡夫卡

努力想得到什麼東西，透過「自律」一定可以得到。如果在奔向目標的路上可以高效一點，那就更完美了。但是很多人恰恰相反，一直在自律，卻非常低效，弄得自己都懷疑人生了。檢視下面這些情形你有沒有？

01・一本書讀了好幾個月依然沒有讀完，而且一放下書，就把內容忘得一乾二淨，更別提加以運用了，感覺自己花了很多時間，但什麼東西都沒有學到。

02．下定決心考證，面對一大堆教科書和影片，怎樣都無法靜下心來，腦子裡總是在想其他事，書翻完了，影片也看了，但完全不記得內容。花費了大量的時間和精力，卻收效甚微。

03．工作之餘想做副業，可是工作很多，家務也要做，整個人忙得焦頭爛額的，每天都活在焦慮裡，筋疲力盡。嘗試了半年，還是什麼都沒有做成。

04．想要堅持減肥，每次都減了一段時間就放棄了，導致前功盡棄，苦和累都受了，結果還在原地踏步。

如果以上這些情形你有其中之一，不好意思，這就是「低效自律」。所謂低效自律，就是你在行動上自律了，該早起早起，該花時間花時間，該花精力花精力，付出了很多，結果卻沒什麼收穫，等於白自律了。這個時候，你會忍不住各種懷疑，懷疑自己能力太差、自律得不夠，懷疑自律的那件事情根本就沒有用。比如說，有人寫作一直沒有進步，就會懷疑寫作的可行性，覺得它需要靠天賦，普通人根本不可能靠它來賺錢。還覺得自己似乎看透了一切，甚至到處宣揚這個負面觀點，讓其他還沒有開始寫作的人也產生懷疑。

很多時候，不是事情不行，而是方法不行。同樣是零基礎學寫作，為什麼別人可以利用寫作來賺錢而你不行？同樣每年都在讀書，為什麼別人讀完了對工作和生活都有幫助，你卻什麼都記不住？同樣考試，為什麼你每次都考不過，別人卻一次就中，並且最終可以利用各種執照為自己賺錢？

這些問題的答案可能會讓你很崩潰，卻也是成長的契機。只有當我們意識到問題，才能解決問題。

我們要知道：自律不是目的，使用自律來完成目標才是。低效的自律就是自我感動，看上去好像對自己有交代，天天都在忙，可是目標卻沒有達成，忙得毫無意義。不要用戰術上的勤奮來掩飾戰略上的懶惰。當陷入低效自律的迴圈時，我們就要及時停下來，想想哪裡出了問題，哪裡需要改進，以及怎麼調整。

我自己每天要自律的事情很多，但重要的事情3個小時內可以完成，還有一些時間每年新增幾件事情，應可以算得上是高效自律。

所以本章我會結合自身經歷，分享高效自律的實用方法。當你學會了高效自律之後會發現，自律是一件很舒適的事，同樣的付出，可以有合理甚至超額的回報。

01 提升專注力，讓自律更輕鬆

如果你家裡有孩子，孩子下列的行為一定讓你深惡痛絕：

專心寫作業1分鐘，發呆10分鐘；剛寫了一個字，要麼喝水要麼上廁所；手裡拿著書，眼睛卻東張西望，一會拿起桌上的洋娃娃，一會玩橡皮擦；上網路課的時候，更全是小動作……

是不是恨鐵不成鋼，還經常忍不住對孩子吼：「你就不能專心一點嗎？」

但其實很多成年人也沒好到哪去，雖然手裡拿著書，看著看著不知道看到哪一頁了；才剛坐下來寫文章，寫著寫著就開始發呆，或想著要查個資料，結果一查半天時間就過去了。

如果精神不專注，你會發現就算花了大把時間，書沒看幾頁，文章也沒寫完，關鍵是還感覺到痛苦。所以，高效的第一步，是「學會專注」。心理學上有個概念叫「心流」，當一個人專心做一件事情時，就會進入心流狀態。進入這個狀態後，不願意被別人打擾，也不願意事情中斷，而且有些人會有高度的興奮感和充實感，那些焦慮、不安感全都消失不見了。

每個人都多多少少進入過心流狀態，比如你專心做一件事，別人說起你最喜歡的美食你都毫無興趣，甚至覺得很煩，只希望他不要再說話了，讓你可以不被打擾地把事情做完。我們要做的，就是讓自己更常進入心流狀態，儘量減少做事過程中的三心二意。

1 做好硬體準備

某天我準備要看一本書，但是書房被孩子占走了，我就走到臥室，坐在床上看。結果書翻完了，記住的東西卻寥寥無幾。中間遇到一些知識點想要做記錄，發現身邊沒紙沒筆，也懶得出去拿了。甚至有好幾次我差點睡著。

這樣的事經歷得多了，我意識到硬體準備很重要。如果我在書房看書，並且準備好了紙和筆，哪怕只是匆匆忙忙看10頁書，也能記得清清楚楚。但如果我躺在沙發上、床上，哪怕一口氣把一本書看完，收穫也很有限。

很多時候一些小細節就能影響專注力，所以在做每一件事情之前，都要把硬體提前準備好。硬體包括以下這些方面。

01、**環境**。一定要選擇一個適合自律的環境，比如書房和辦公室就是適合自律的環境，因為在這些地方你不會想要打瞌睡，不會想著要休息，它們給你的心理暗示是：這是學習和工作的地方。但如果是進到臥室裡，心理暗示則是：這是休息的地方，我要休息了。

我們知道心理暗示是非常強大的，坐在臥室學習則很難專心，常常莫名其妙就覺得睏了。安靜的環境也比嘈雜的環境更容易專注。一個人獨處、想說話都找不到人，較容易進入專注狀態。如果家裡高朋滿座，就很難進入專注狀態，任何雜音都可能吸引你的注意力。除此之外，眼睛可以看到的雜物太多，也會影響專注。比如說，書桌上堆放了很多東西，旁邊還有沒洗的衣服，你可能一邊學習一邊忍不住去東摸摸西摸摸，還會不由自主地想：這些髒衣服太討厭了，都沒人主動洗嗎？

因此，想要專注，就要選安靜的、適合學習的環境，儘量把雜物收拾乾淨。每次我家孩子用過我的書桌後，上面就會堆滿雜物，我都會感覺崩潰，根本沒有辦法學習。只有把它們收拾乾淨了，才能平復心情。

02、坐姿。坐姿也會影響一個人的專注度，窩在舒服的沙發上，整個人既舒適又放鬆，就很難專注，反而會忍不住閉上眼睛。如果坐在書桌前，並且坐姿端正，注意力則更容易集中。如果你本身就是一個很難專注的人，建議學習時不要坐在沙發上，不要買任何讓你覺得舒適的東西，挑一把硬一點的椅子，坐得端正一點，儘量像上課時的坐姿，這樣會很快進入學習狀態。我如果坐在床上寫文章，雖然感覺舒服，但效率就會很低，所以寫文章時我一定會端坐在書桌前。

03、學習用具。根據個人習慣準備好學習用具，比如說，你讀書時習慣記筆記，那就提前把本子和筆準備好；你喜歡在書上畫各種顏色，那就把各種顏色的筆準備好。這些工具會暗示你：現在開始學習了！

學習用具準備好以後，隨時可以拿出來用。如果看到一句話想記下來，手邊卻沒有工具，當下你或許懶得動，又覺得懊惱，這樣就分了一次心，而且要做的記錄沒有做，下次還要回去補。即使你立即起身去拿用具，同樣是又分了一次心。每分一次心，都要用很長的時間重新進入心流狀態。

除了學習用具，有些需要用到的資料也要提前準備好。比如說，你寫文章會用到名人名言和網路上的素材，那把它們提前準備好，記在容易看到的地方，而不是寫到一半需要用素材時才臨時去找，這樣很容易被網路上五花八門的消息弄得眼花撩亂，很難收心。

除了學習用具，所有學習過程中可能會用到的東西，最好都提前準備好，比如你看書時需要喝水，提前把水準備好。總之，就是萬事俱備，只待學習，這樣想不專注都不容易找到藉口。

04、切斷干擾源。試想一下，你正專心地看一本書，忽然接到一個電話，雖然只聊了2分鐘，但聊完以後，你差點忘了自己讀到哪裡了。花1分鐘時間接上了，可是卻好久都無法再進入心流狀態。有研究指出，人被干擾一次，需要25分鐘才能重新進入狀態。這是多麼浪費時間又多麼低效的事情。想要保持專注，就要盡可能地避免被打擾。比如，我自己寫作的時候，除了打開 Word 文檔，不會打開任何一個流覽器，同時把手機放在另一個房間，調成靜音模式，就算有人發消息或打電話，也無法打擾到我。而且，寫作之前，我會提前跟家人說，讓他們說話走路都輕一點，也會關上書房的門。即使我女兒才一歲多，是最調皮不懂事的時候，也知道媽媽關上書房的門就是不能輕易打擾的。

自從不被打擾後，我只要40分鐘左右就可以寫完一篇2000字的文章了。

2 找到自己的黃金時間點

你有沒有這樣的經驗：早上讀書時精力特別好，記得也特別清楚，晚上則完全讀不進去，一拿起書就昏昏欲睡。晚上解題特別起勁，經常解到忘了時間，早上則完全不想做。同樣做一件事，不同的時間段做，效率完全不一樣，因為每個人的黃金時間點都不一樣。有些人早上容易專注，晚上沒精力，有些人則正好相反，是典型的夜貓子，早上沒精力不想學習。

所以，不要看別人早起自己就早起，也不要看別人晚睡自己就晚睡，而是要找到你自己的黃金時間點，重要的、需要專注才能做好的事情，就放在這個黃金時間點去做。以我自己為例，寫作對我來說是很重要又需要專注的事情，黃金時間點就用來寫作。如果有其他學習任務，比如要參加某個考試，必須專注地看書，那就再找一個黃金時間點。在找黃金時間點時，可以參考以下幾個角度。

01、個人精力。首先要保證，這個時間點你的個人精力很充足。一般來說，經過一晚的休息，上午的精力充足，大腦清醒，適合用來學習或做重要的事，這也是大多數人早起的原因。當然，也有一部分人就是晚上精力更好。

怎麼判斷自己哪個時間段的精力充足呢？可以把不同的時間段都試一試，自己覺得哪個時間段學習比較舒服，效果也好，就選擇那個時間段。比如說，我最開始寫作時，時間並不固定，嘗試過早上6點起床寫作，也試過8點開始寫，還試過中午12點寫，有時候靈感來了，晚上9點也會忍不住動筆寫。在這個過程中，我慢慢發現上午寫作效果最好：一是自己寫起來比較舒服，二是寫得更快，三是寫出來的文章自己也比較滿意。

中午和晚上則常常覺得腦子不太夠用，也能寫，但感覺不那麼舒服。

後來我就把寫作放在上午，沒有特殊情況的話，中午和晚上靈感來了也不寫，先記在本子上，第二天上午再寫。如果你覺得一天中任何時候自己的精力都不好，那可能就是你太晚睡了，或者是在逃避學習。試試早點休息，別再熬夜。

02、環境因素。環境因素也很重要。比如說，早上6點精力很好，但這個時間點孩子要起床上學，你得為他準備早餐，要應對他的各種問題，還要送他去學校。精力再好，也完全沒辦法安靜地做一點事情。所以很多人會選擇再早一點起床，家人和孩子都還沒醒，家裡很安靜，沒有任何人打擾，安心地寫一篇文章。或者晚上早點把孩子哄睡，然後把自己關在房間裡，快速寫一篇文章。也有人趁中午同事都午休了，自己不休息，看看書或寫寫文章。

哪怕這些時間段沒那麼優質，但對於自己來說，也只有這些時間可以不被打擾，並且相對完整，它也是一個不錯的選擇。畢竟很多時候，我們要一邊兼顧生活一邊努力成長，並沒有太多的選擇。

我曾經有兩年的時間，都是用個人精力最差的時間段來寫作的。我有午睡的習慣，中午對我來說就是精力最差的時間段，除了睡覺什麼都不想做。但那時我們家生意很忙，從早到晚都鬧哄哄的，根本無法安心坐下來，只有中午這段時間是屬於我自己的。我利用中午的2個小時，寫了很多文章，賺了不少稿費。後來全職寫作，時間上相對自由了，才改為上午8點到9點寫作。找到你的黃金時間點，專注就會變得更容易。

3 越規律越專注

我們都知道，一個人生活越規律，身體就越健康。其實，一個人工作越規律，也就越容易專注。規律意味著你不會因為放縱而造成精力不濟，精力好當然更容易專注。同時，規律地做事，時間長了會形成條件反射，一到那個時間點和那個環境裡面，你就不由自主地想認真工作或好好學習。

很多人覺得自律很痛苦，很難專心，大多是因為沒有形成規律，以下這些情形，看看你有沒有。

一個月不跑步，某天忽然想起來要鍛煉，瘋狂地跑了1個小時，累得汗流浹背，腿痛了一週，接下來一個月再也不跑了，某天想起來，再瘋狂地跑1個小時。

每當時間多、心情好的時候就拼命地寫文章，一週寫10篇；時間少、心情不好的時候就偷工減料，一週只寫一篇，甚至乾脆一篇都不寫。

計畫一年要看50本書，前半年1本都沒看，後半年眼看計畫無法完成了，趕緊一個月看10本，結果看了兩個月就受不了了。

以上這些，都是典型的間歇性努力，時而努力到讓人感動，時而又懈怠到讓自己討厭。這些行為，除了讓你更痛苦，無法得到你想要的結果，也讓你難以專注。因為不規律的自律很痛苦，一個人太痛苦是沒有辦法專注的。同時，做事情不規律也不容易形成條件反射，等於每一次都要強迫自己進入狀態，還常常會覺得自己有退路，會忍不住想：今天做不了明天多做一點嘛。然後就是明日復明日，明日何其多。

自律達人曾國藩一生都極愛讀書，臨終前一日，依然手不釋卷。他給自己定下了十二條規矩，其中有兩條是這樣的：

- 念二十三史，每日圈點10頁，雖有事不間斷。
- 飯後寫字半時。

這兩條規矩，都是把讀書這個行為規律化，每天都讀10頁書，有事也不間斷，每天飯後寫半個小時字，這就是規律。想要更專注、更輕鬆，就要學會規律化。如生活規律，按時起床、按時吃飯，不要某天晚上10點睡，某天熬夜到凌晨1點。生活規律做事就容易規律，就算因為特殊原因無法規律生活，也要保證重要的事情規律化。規律有兩個標準。

01、時間規律。比如每天早上寫文章，晚上讀書。或者每天讀一個小時的書，寫1個小時的文章。這都是時間上的規律。

02、任務規律。比如每天寫一篇文章、讀10頁書、跳跳繩，這是任務規律。當然，不一定是每天做才叫規律，也可以兩天寫一篇文章、兩天讀10頁書、一週運動三次。

規律學習、規律工作，人會很快進入專注狀態，也會更輕鬆。

4 訓練大腦，提升專注力

我們的大腦是可以透過訓練，一步步提升專注力的。有一段時間，我特別羨慕那些網路「大神」1個小時可以寫一萬字，簡直太高效了。如果我有這樣的速度，寫作將是一件多麼愉快的事情啊！某天一位大神教我一種方法，他說：你以最快的速度寫，中間不要有任何停頓，不要用回鍵，就像跑百米衝刺一樣，只管往前衝。

我嘗試了他說的這種方法，第一天，1個小時寫了3000字，正常情況下我可以寫2000字。但是，這種方式寫出來的文稿錯別字好多，內容也不是很滿意。他說：沒關係，哪怕你用更多的時間修改，但你會逐漸養成高效習慣。第二天，1個小時寫了4000字。剛開始覺得有些不舒服，真有百米衝刺的感覺，為了讓自己不停頓，根本不敢分心，只要稍微分一下心肯定就停頓了。而隨著鍛煉次數的增加，錯別字越來越少，內容也越來越好。甚至，因為不分心，整個過程處於心流狀態，文字更流暢，更有奇思妙想。

這種方法其實和番茄鐘很像，借助番茄鐘也可以給自己規定一個時間，在這個時間內，不要有任何停頓，不要分心，要比平時完成更多的任務量。鍛煉一段時間，你的專注力就會越來越好。

我也把這種方法對女兒用過，她寫作業總是磨蹭，實際上就是無法專心，一會想著出去玩，一會盯著自己的橡皮擦，明明半個小時可以做完的作業，1個小時都完成不了。後來我就利用她的好勝心，把作業分成幾份，跟她說：「我們試試15分鐘把這張卷子做完！」一般情況下，她會用10分鐘做完。這時我就拼命地誇她，把她誇成一朵花。這樣她就更有動力了，下一份作業做得更專心。

當然，在使用這種方法的過程中，還是偶爾會失敗，比如她就是狀態不好，或者不想接受挑戰，或者作業太難了。但大多數時候都是成功的，成功了就誇她，而且因為做作業縮短了時間，可以出門和小朋友玩了，對孩子來說，這就是最好的激勵。經過一次又一次的鍛煉，大概半年的時間，我女兒現在做作業拖延的毛病改了很多，除了偶爾如此，大多數時候都能快速完成。

想要鍛煉大腦，就要適當給它一點挑戰，這樣它才能更興奮、更清醒。就像玩通關遊戲，為了通關，你一定會非常專注，而且也不會覺得枯燥，甚至總想挑戰極限。我們可以把其他事情設置成通關遊戲的模式，某個時間段內完成某項任務就算通關成功，成功之後給自己一些獎勵，也可以發朋友圈炫耀，這樣你的行為會得到強化，下次更容易專注。

平時多做一些類似的訓練，你會變得越來越專注，也越來越高效。需要注意的是，連續鍛煉的時間不要太長，成人1個小時左右，孩子半個小時左右，人的專注力有限，時間太長則效果就會下降。

02 提升學習力，讓自律更高效

孔子說：「吾嘗終日不食，終夜不寢，以思，無益，不如學也。」

整部《論語》裡，關於學習的內容最多，在孔子看來，「三人行，必有我師焉」、「學而不思則罔，思而不學則殆」，反正多學習就對了。現代社會也一樣，想要不被淘汰，就要做一個終生學習者。很多人都意識到了學習的重要性，買了很多書，報了很多課，給自己制訂了嚴苛的學習計畫，希望通過學習快速成長。可惜，有些人買了書就當學了，收藏了課程就當會了。有些人雖然不停地在學，卻學過就忘，也完全不知道怎麼用，弄得自己又累又焦慮。

這樣的學習，都是無效或低效的，長期這樣下去，無益於成長，也讓自律變得毫無意義。學習要講究方法，埋頭苦做是沒有用的。

1 找出問題再學習

成年人要工作，要照顧家庭，要社交，忙得不可開交，好不容易空閒下來，更想玩遊戲或刷短影片，根本不想學習，就算想學，也很難學得進去。所以我一直覺得，成年人在學習上眼光可以放近一點，找到自己最近遇到的問題，帶著這些問題去學習，效率會更高。

試想一下，什麼情況下你學習的欲望最強？是不是遇到問題的時候？比如說，你覺得自己太容易拖拉了，想果斷一點，就到處尋找變果斷的方法，甚至到處找博主去問；

你覺得自己太不會溝通了，本來想跟主管談加薪，卻釋放出錯誤的信號；你做自媒體，辛辛苦苦寫出來的內容，讀者根本不喜歡……只有這種時候，你才會覺得自己有學習的需要，並且才能學得進去。

我給自己訂了個規矩，凡是那些覺得自己文章寫得很好的人，哪怕他的文章有一大堆問題，我也不會輕易指出來。因為我很清楚，他是不會聽的，因為他不覺得自己有問題。相反，那些知道自己文章有問題的人，但凡點撥一句，人家馬上就聽進去並且修正了。為什麼帶著問題去學習，效果才會好呢？

01、目標明確。比如你發現自己不會溝通，那就需要看關於溝通方面的書，聽關於溝通方面的課。目標很明確，自然更容易有效果。還可以再細一點，在具體的溝通中，你是哪一方面溝通不好？如果是不會說服別人，那就學習怎麼說服別人。目標明確了，學習的方向就更精准了，當然效果會更好。廣撒網不如聚焦，要相信聚焦的力量。

02、學習的欲望更強烈。越是有需要馬上要解決的問題，越是能鼓動人的積極性，人的積極性一高，學習效率就高了。

03、能及時給回饋。比如說，你不知道怎麼說服別人，學了怎麼說服別人的方法以後，用學到的方法去說服別人，居然成功了。或者，你不知道怎麼寫爆款文章，學了寫爆款文章的方法以後，馬上就可以寫出爆款文章了。這就是最即時、最好的回饋，回饋也是一種激勵，會讓你更喜歡學習。

所以，在時間和精力不夠用的情況下，先從解決問題的角度去學習，沒有實際的問題可解決了，再去學其他的。這也是要求自己，要經常梳理遇到的問題，可以用一張如下的問題梳理表來解決。

最後說一下遇到問題時學習的步驟。

遇到的問題	解決方法
工作效率低	看時間管理及高效類的書
不自律	看自律的書或課程
文章寫不好	學習與寫作相關的課程
不會做海報	到網上找方法

第一步，及時記錄下自己遇到的問題。

第二步，思考解決方法。如果自己想不出來，可以到網上搜找一下別人的建議，然後從中選擇適合自己的。

第三步，按照合適的方法去學習，並且及時用上。如果不用，你的問題就無法解決，有時候一種方法不一定有用，可以多試幾次。學習本來就是一個不斷試錯的過程。

2 知識也需要「經歷」

1、把手頭的事情放下，全心全意系統地學一門知識。

2、一邊做事情，一邊斷斷續續地學一門知識。

以上兩種學習方法，你選擇哪一種？大多數人會選擇第一種，全心全意有系統地學，認為如此不是可以學得更快、更專業嗎？事實上，第一種情況我見過很多，經常有人說自己學了心理學，學了營養學，學了運營管理，拿了各種證書，學費也花了不少，但依然很迷茫，越學越焦慮，越學越不自信，陷入學習的迴圈。之前我遇到過一位學員，本來要學習寫作，中途發現有人用思維導圖列出大綱，於是放下寫作，去學思維導圖。好不容易把思維導圖學會了，可以用它列大綱了，突然覺得自己看書太少，又花了幾個月的時間去看書。結果你猜怎麼樣了？知識涉獵確實很廣，什麼都會一點，書也看得非常多，但還是寫不好一篇文章。因為他的重點根本沒放在寫作上，精力全被其他的事情用盡了。

有學員問我：「小小老師，我想寫情感類文章，需要先系統地去學習一下婚姻情感方面的知識嗎？」

我的回答都是：「不用專程去學，一邊寫一邊斷斷續續地學就行了，學到的知識能馬上用到文章裡，等文章寫好了，婚姻情感方面的知識也很豐富了。一個人掌握再多的知識，拿再多的證書，如果不用，終究還是紙上談兵，並不能給自己帶來多少實際的成長，只有把它用上了，它才真正是屬於你的。」

對待學習不要抱著完美的心態，不要想著一定要心無旁騖地去學，學好了學精了再去用它。相反，要把「用」作為前提，用到什麼就學什麼。比如說，要寫情感類文章，在這個過程中，發現自己不會排版，那就用零碎時間學一下，發現自己需要瞭解一點心理學，那就用零碎時間看看心理學方面的書，發現文章寫出來了資料並不好，那就再用多餘時間去學習一下運營知識。寫作就像一棵樹，樹在成長的過程中，會長出很多小樹枝去吸收營養，保證自己能茁壯快速地成長。這些小樹枝就是寫作需要用到的一個個知識點，注意，它們只是小樹枝，如果放棄樹幹，把所有營養輸送到某個小樹枝上，樹就長歪了。

所以，我們不但要邊學邊用，還要注意以下幾個問題。

01、時刻記住主目標。前面講過，沒有目標，自律很容易偏離。在學習上也一樣，如果忘記了主目標，你就會發現，自己不停地學，但最後想要的結果根本達不到，就像那位為了寫作不斷學習各種知識的學員，他忘記了自己的主目標是寫作，結果學了一大堆知識，但還是不會寫文章。

02、時刻記得用。

有些人確實是需要用的時候才學習的，但是，一學習就忘記用了。比如說想寫文章，覺得自己想不出什麼好觀點，就去看書提升。結果書看了一本又一本，一點也沒用上，這些書雖然不至於白看，但確實沒發揮太大的作用。所以看書的時候要不停地

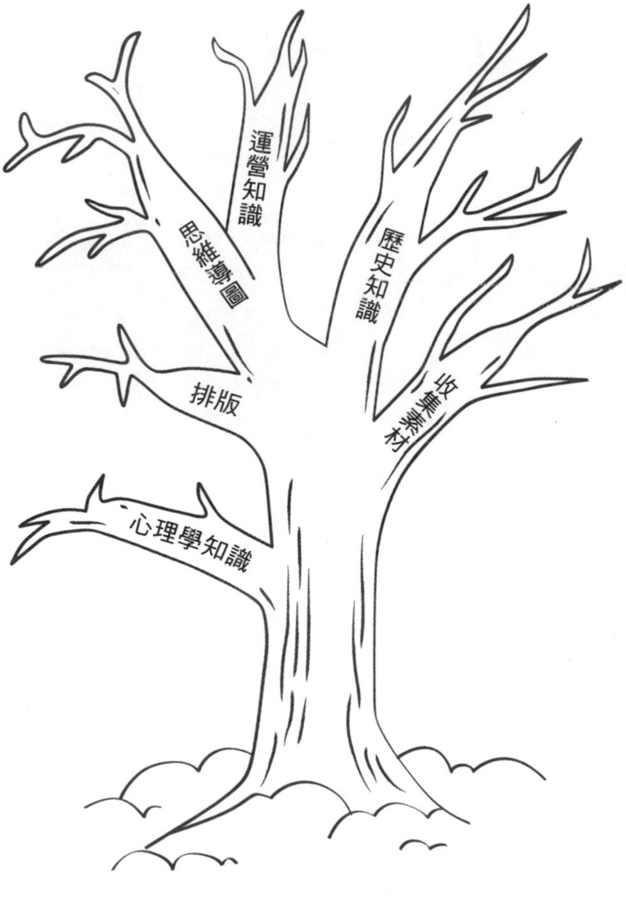

思考，這個素材能不能用？怎麼用？這個觀點可不可以寫進文章裡？寫進哪篇文章裡？這樣去思考，不但能保證用上，還能對知識有更深的領悟，一舉多得。

我去年看了很多中醫的書，學了幾十個養生小方法，但大部分都不記得了，只有自己實際用過的方法才記得特別清楚，隨手就能寫一篇文章分享，跟別人聊天時也能隨時說出方子。為什麼用過的方法會記得這麼清楚？因為在用的過程中，會有很多小細節，這些都能加強記憶。就像看過的電影，我們不一定記得情節，但經歷過的事情，一定記得特別清楚，甚至中間每個不起眼的小細節都能講出來。知識也是需要「經歷」的。

3 最簡單的記憶提升法

想要把知識記得更牢，除了前面講到的「帶著問題學習」、「邊學邊用」，還有一個看起來有點笨但又特別簡單的方法：「重複記憶」。我們的大腦裡，有一個海馬體，短期記憶都停留在這部分中。比如說，你看了一本書，讀了幾句單詞，海馬體都會記住。但是，它只是短期記憶，隔幾分鐘可能就忘了。想想學習時你是不是這樣的：拿著書覺得自己什麼都記住了。剛放下書時，可以記住一部分；再過一天，記住得更少了；過了十天，基本上全忘了。

想要長期記住這些知識，需要海馬體重複多次碰到它們，遇到的次數多了就成「老熟人」了，海馬體會以為這些知識很重要，進而把它們轉存到大腦皮層，形成長期記憶。所以想要牢固地記住知識，需要多看多用，隔段時間拿出來看一看、用一用、讀一讀、背一背，讓海馬體以為它很重要。

我在學習唐詩的過程中，對這一點體會特別深。開始時，我每天早上背誦一首，背得滾瓜爛熟，可等我背完100首，再回頭看前面背過的唐詩時，發現居然都忘記了，需要重新再背一遍。但是，因為之前背過，還是有一點殘留記憶的，所以第二次背誦時速度快很多，一早上可以複習10首。第一次背誦時，雖然背會了，但丟了書本就忘得差不多了；第二次背誦後，丟了書本雖然也不能完全記住，但寫文章時已經可以隨手用上幾句了，用過後記得就更清楚，運用上更靈活。

所以，容易忘記的知識更要反覆地記，反覆地用。這一點也很適合用在孩子身上，孩子學習單字時總容易忘記，那就經常讓他聽寫，某個公式總是記不住，那就讓他多做幾道題，做遊戲時把這些知識融入進去，反覆地提及。

這個方法並不輕鬆，也不是捷徑，但對於一些必需死背的知識，只能這樣下功夫。世界上，並沒有那麼多的捷徑。當你總是記不住某個知識點的時候，與其花時間到處找捷徑，不如多讀幾遍、多用幾遍。

越簡單，越有力量。

03 提升管理力，讓自律更有效

你有沒有以下這些困惑？

01、每天手忙腳亂的，時間完全不夠用，筋疲力盡，可產出效率卻很低，常常覺得迷茫空虛，一年又一年過去了，收入沒有增加，也沒有覺得自己成長了。

02、不想浪費時間，希望每一分每一秒都用上，可常常支撐不住，要麼走神要麼效率太低，感覺在「無效自律」。

03、既想把工作做好，又想學習提升自己，還想陪孩子，週末孩子可憐兮兮地求你陪他玩，你忽然很崩潰、很內疚，不知道該堅持學習還是再也不學了，放棄自我成長，好好地陪孩子長大。

這些，都是時間管理上出了問題。每天的時間只有24個小時，吃飯睡覺要花10小時，剩下的14個小時，要抽出一部分時間來應付雜七雜八的事情，還需要適當地休息一下，喝喝水或上洗手間，真正用來工作和學習的時間，其實不到8個小時。這8個小時裡，再扣除掉無法專注的時間，能真正高效產出的時間，大概只有4個小時。同樣每天這麼多時間，同樣不能保證無時無刻都專注，為什麼有些人效率很高，什麼事情都可以快速完成，而有些人把自己弄得這麼忙這麼累呢？因為時間管理是自律中很重要的一環。同樣做那麼多事情，會管理時間的人，就會更輕鬆、更快捷；不會管理時間的人，則經常忙忙碌碌卻一無所獲。

我從30歲開始全職寫作以來，一直有很多人貼上羨慕的標籤：每天工作3個小時的時間管理達人。我選擇全職寫作，就是希望自由一點，但是全職寫作工作量其實也很大，後來我做自媒體，開公司組團隊，工作量就更大了，不但要寫文章、講課、拍影片，還要處理團隊很多事。這種情況下還想要自由，只能想辦法把時間管理好。好在經過不斷的摸索，我總結了一套很有用的方法，可以保證每天3小時做完日常工作，其他時間用來做一些臨時新增加項目。

1 找出最重要的事情

雖然人的一生中要做和想做的事情有很多，有些事情做成了將有很大的收益，對工作和生活會產生比較大的影響，但有些事情做成了收益很小。既然收益不同，自然重要程度也不同。

時間管理第一步，就是找出對你來說重要的事情，不那麼重要的事情能捨棄就捨棄，捨棄不了的也儘量少花時間。你可以把最近一段時間要做的事情全部寫下來，然後按照緊急程度、收益值、興趣度3個角度來打分，每項最高10分。

按照這個表格填完以後，你就非常清楚，對你來說最重要的事情是什麼，第二重要的事情又是什麼，以及哪些是不那麼重要的事情。為什麼要把事情分出重要程度呢？

首先，可以保證把更多的時間和精力放在最重要的事情上。

某件事情的收益值最大，又是自己最感興趣的，這就保證了學習效果好，收益還大。這樣的事情，當然值得我們花更多的時間和精力，把它放在最重要的位置。

事件	緊急程度	收益值	興趣度	總分
寫作	10	10	10	30
製作新課程	8	9	7	24
考駕照	5	5	4	14
健身	6	8	5	19

對一件事情的重視程度不同，結果就不同。這也是心理學上的「吸引力法則」，你把一件事放在重要的位置，就會格外注意它，而格外注意會讓你為它付出更多，會努力尋找各種方法和機會，把一切好的事物都吸引過來，最後總能心想事成。

其次，在時間不夠用的情況下，知道如何選擇。

如果想做的事情太多，但時間又完全不夠用，果斷捨棄那些不重要的，不緊急的，留下最重要的，而不是天天糾結到底應該選哪件。或者，正常情況下，所有的事情都能做，但某天遇到突發情況，也可以保證先捨棄不重要的，只集中精力把重要的事情做了。越聚焦，成功的概率就越大。把一件收益值高的事情做好，勝過做10件沒什麼收益的事。

我全職寫作12年，一直把寫作放在最重要的位置，不管是出差還是旅行，我都會帶著電腦，保證自己在任何情況下都可以寫文章。事情多到做不完時，也必須先把文章寫完，然後才做其他的事情。當然，它給我的回饋也是最大的，因為一篇篇文章，我吸引了350萬名粉絲注意，後來又在這個基礎上做寫作培訓，組建自己的團隊。如果我分不清重點，明明寫作對我那麼重要，我卻三天打魚兩天曬網，一沒時間就放棄它，結果可能就是，天天忙著做這做那，最後一算，收益少得可憐。

時間管理不是單純地管理時間，而是管理目標，管理自己做事的方式。一天就那麼點時間，怎麼管時間都不會變多，但我們可以利用時間管理，讓所做的事情有更高的收益。如果發現對自己來說最重要的事情還挺多的，那就按照緊急程度的不同來做選擇，在興趣度和收益值差不多的情況下，哪一個更緊急就先做哪一個。比如說，寫作和攝影對你來說收益值相當，興趣度也相當，若你現在的工作更需要寫作則選擇寫作，若更需要攝影則選擇攝影。

如果一件事情能儘快地解決目前的困境，儘快地看到收益，它就是更重要的。只要找到了最重要的事情，始終把它放在最重要的位置，不管你的時間是不是足夠，最終的結果都不會太差。

2 好好利用「非專注時間」

保持每一分每一秒都專注是不可能的。我前面講到的提升專注力的方法，也只能讓你，儘快地進入專注狀態，以及在一個時間段內少走神，儘量保持專注。

但是，再好的方法，也不能保證一天8個小時都專注。畢竟人的注意力有限，專注一段時間後，就會稍微走神。而這走神的時間，也不能輕易浪費，不然一天真沒幾個小時可以工作和學習了。

怎麼才能讓所有的時間都發揮出最大的作用呢？可以把燒腦的工作和簡單的工作結合。比如說，寫作是一件很燒腦的工作，需要極度專注，這樣效率才會更高。但是，回覆微信訊息、回覆帳號留言，這些是簡單的工作，不怎麼用腦子。我們可以把它們結合在一起。先專注地寫文章，文章寫完了，專注力消耗得差不多了，這時候不太想做燒腦的事情了，就回覆一下消息，既不需要消耗專注力去自律，又把事情都做了。可以列個清單，把一天要做的事情都寫下來，確定每一件事情的燒腦程度（數字1∫10代表燒腦程度由低到高的排序）。

假如以上這個表格裡是一天要做的事情，現在就按每件事情燒腦程度的不同，把它們重新組合，燒腦程度高的後面配上燒腦程度低的。

重新組合以後是這樣的。

把重要的、燒腦的事情放在前面做，這時大腦沒有被過度消耗，注意力容易集中，效率也會更高，而且可以保證，即使中間出了狀況，重要的事情也不會被耽誤。至於不重要的，耽誤一下問題也不大，

事件	燒腦程度
寫作	10
回覆訊息	1
發朋友圈	1
寫課程	9
看影片學習	2
寫影片文案	5
談課程合作	3

所以往後面排。

重要又燒腦的事情做完了，本來就需要讓大腦休息一下，可以出去走一走，喝喝咖啡或聽聽音樂，也可以聊聊天或發發朋友圈。總之，就是讓大腦放鬆一下。有張有弛，大腦才不會太累，也才能應對接下來的複雜工作。等大腦休息得差不多了，如果還有燒腦程度沒那麼重要的工作，也可以再做一點。比如說，寫影片文案的燒腦程度是5，沒有回覆消息那麼輕鬆，但也沒有寫文章那麼燒腦，所以做了2個小時相對輕鬆的工作後，可以做一做這件事。儘量保證半天只有一件特別重要又燒腦的事情，如果有許多件，把它們分散開，一件放在上午做，一件放在下午做。這樣不管是體力還是腦力，都能保持在相對平穩又高效的狀態。

時間	事件
08：00～09：00	寫作
09：00～10：00	發朋友圈、回覆訊息
10：00～11：00	談課程合作
11：00～12：00	寫影片文案
14：00～17：00	寫課程
17：00～18：00	看影片學習

這個方法我用了很多年，但凡事情多，每個時間段都要充分利用的時候，我就會這樣安排一天的事，如此就可保證既可以把該做的事情做完，又不至於太累。

3 專時專用，做好平衡

有位粉絲問我：「小小老師，我想學習寫作，可是兩個孩子還小，也需要我的陪伴。為了寫作，我都一個月沒有陪他們了，週末別的孩子都和父母一起出去玩，我的兩個孩子只能在家看動畫，看著好心疼。我如果陪他們，就沒有時間寫作了，好糾結啊，怎麼辦？」

曾經有一段時間我也很苦惱，我寫作本來就是為了有時間多陪孩子，結果為了寫出好文章，大部分時間不是在看書就是在電腦前打字，好不容易陪孩子一會吧，腦子裡也會想著寫作的事情。後來我學習攝影也是，只要出去，總會忍不住拍照。以至於後來女兒都不願意跟我出門了，因為出門我也不會陪她玩，而是忙著拍照。

女兒的排斥讓我心生愧疚。於是我決定做出改變，每週抽一天時間，專門用來陪女兒，陪她出去玩滑滑梯、露營、玩攀岩……這段時間內，除非有緊急事情，不然我就不看手機，全心全意地陪孩子。除此之外，每晚睡前陪她讀半個小時的書，只讀半個小時，並不會耽誤我多少事情。自從這麼調整以後，我再也不會愧疚了，跟女兒的關係也親密了很多。關鍵是我的文章也並沒有因此少寫，再加上沒有心理內耗了，更容易專注，效率自然更高了。

人生的每個階段，我們都會面臨各種各樣的平衡。如何平衡愛好與工作？如何平衡工作和家庭？專時專用可以很好地解決這些問題。不同的時間點做不同的事情，做這件事情時，不要想著那件事情，做那件事情時，也不要想著這件事情。一個人專心致志不內耗，會更輕鬆更舒服，也更容易把事情做好。專時專用做平衡時，注意以下兩個問題。

01、重要的事情才值得專時專用。不那麼重要的事情，要麼用零碎時間做，要麼直接捨棄，不要試圖去平衡所有事情，那樣只會讓你變得既忙碌又低效。

02、人生沒有百分百平衡。每個階段的人生目標都不一樣，重點也不一樣，不要試圖達到百分百完美平衡，只要能稍微平衡，就已經非常好了。比如說，寫作和陪孩子，在你衝刺寫作的階段，它肯定會佔據更多時間，就算專時專用，陪孩子的時間也可以少一點，多給寫作分一點時間。等你寫得非常成熟，不用太花精力的時候，則可以多分給孩子一點時間。

4 寫好時間日記

你有沒有過這樣：早上6點起床，晚上12點睡覺，中間18個小時，一直沒有閒著，連吃飯都匆匆忙忙，可是卻覺得很空虛，發現自己一天到晚什麼有意義的事情也沒有做，產能低得可憐。忍不住問自己：我的時間都到哪去了？

想要弄清楚這個問題也簡單，每天花幾分鐘時間，記錄下來一天的時間流逝。別小看這個動作，只有記下來，你才能知道問題出在哪。當我覺得自己忙忙碌碌卻沒有產出時，就會這樣去記錄一週。

以下是我某一天的時間日記。

X月X日的時間日記

時間	事件
09:00～10:00	寫一篇文章（1個小時）
10:00～11:00	影評第一課課程初稿（1個小時）
11:00～12:00	看各種訊息並回覆（1個小時）
14:00～17:00	看各種訊息（3個小時）
17:00～18:00	寫一個文案並拍影片（1個小時）
20:00～21:30	寫作班講課（1.5個小時）
22:00～23:00	看各種訊息（1個小時）

記錄完以後，我們可以來分析自己的時間日記。每天寫一篇文章，寫作班講課，這些是無法

更動的，已經很高效了，沒什麼問題。但是，寫文案、拍影片的時間過長，一個文案和影片，居然需要花1個小時的時間，這是不正常的。這就說明它需要優化。另外，在這一天裡，有3個時間段都在看各種消息，總共加起來用是5個小時，超過了其他單項的工作時間，這個浪費太明顯了。

這樣認真一記錄才嚇一跳。我只知道自己平時看各種消息時間挺多的，但也沒有想到，居然已經多過了工作時間。既然看出了問題癥結，就要分析並找到解決方法。寫一個文案並拍影片花費1個小時，是因為我在寫文案的時候，一直在看短影片，總想從短影片裡尋找靈感，結果一看就停不下來。發現時間花費太多了，才會趕緊關掉短影片，花十幾分鐘時間倉促地寫文案、拍影片。這個工作方式可以改成：平時一有靈感就記錄下來，寫的時候有目的、有方向，而不是一邊坐下來寫一邊刷短影片來找靈感。

再來分析5個小時找資訊的問題，除了回覆消息，其餘就是看微博、看公眾號等。為什麼會看這麼久呢？為了找素材。但是效果並不好，我依然在擔心每天寫什麼，因為這種擔心，又讓我覺得很焦慮。那就說明這種方式不對，也需要改。找素材這個目標不變，但可以修正，不要5個小時都看各種資訊，可以改成2個小時看資訊，2個小時看電影，1個小時看書。

重新安排以後，拍影片節省了半個小時，5個小時找素材時間也安排得更豐富，可以保證找到不同種類的素材，而不是在一個效果並不好的方式上把所有時間花掉。同樣的時間只要稍微調整，效果就會不一樣。如果你每天忙忙碌碌卻產能很低，一定要寫下時間日記，然後從中找出問題，並及時調整方向。

04 提升思維力，讓自律有收益

一個人要保持自律，最終的目的是什麼？不管你有什麼樣的目標，最終的結果都是希望自律能夠給自己帶來更多的收益，包括精神方面的和物質方面的。

大家朝九晚五上班，一週工作40個小時以上，是為了理想嗎？理想當然有，但也要看到收益，沒有收益，恐怕大多數人連一天班都不想上。曾有一句名言：知識給世界帶來光明，知識給人類增長財富。不管是知識還是自律，用好了都能給我們帶來收益，用不好，則很容易一番操作猛如虎，結果一切都成空。很多人之所以越自律越焦慮，越自律越迷茫，主要是因為努力地在自律卻沒有任何收益。

我們知道，人想要一直輕鬆地自律下去，需要得到正面回饋，其中最直接有效的回饋，就是收益。讓自己看到收益，不僅讓自律變得有意義，也能讓你更樂意堅持。想要做到自律有收益，需要提高我們的思維能力。

1 選擇有收益的事

經常有人留言給我：「小小老師，我寫了很多詩歌，怎麼才能投稿賺錢啊？」

我只能很遺憾地告訴他，現在詩歌並不好賺錢，收稿的平臺也不多。如果想靠寫作來賺錢，還是調整一下方向比較好。不要拿某個以寫詩出名的人當案例，那只是個例，一件事情如果只有極少數人能夠得到收益，就說明成功的概率很低。除非你極度熱愛，不看到收益也願意堅守，或者是看中它給你帶來的其他好處。

有一些人，非常自律地看各種書，然後發現自己的生活和工作並沒有改變，開始懷疑看書到底有沒有必要。看書本身很難有直接收益，除非在看書的同時做其他事情。比如說，為了考某個證書，瘋狂地看那個領域的書，這能幫助你通過考試拿到證書，這個證書又能保證你在工作中用上，這樣你就獲得了收益。或者，看完書以後，去做分享，去說書，去做讀書類的訓練營。

還有一些人，努力地經營各種關係，花了很多錢，也花了很多時間和精力，最後發現自己不但沒賺到錢，可能還影響了工作和生活。這同樣是因為漫無目的地經營關係，本身能力又不足夠強，那些關係根本幫不上什麼忙。

還有一些事情，本身已經在走下坡路了，即將被淘汰，不管多麼自律多麼努力地把它做好，也很難有收益。

所以，你要選擇那些結果確定的事情，為這些事情努力。想要選出這樣的事情，可以從以下幾個方面考慮。

01、這件事情大多數人能得到收益。一件事情如果大多數人都得不到收益，你不要覺得沒有人跟你競爭，你就可以大顯身手了。事實上，這只能說明它沒有什麼市場。市場小到可以忽略不計，你就算有收益，又能有多少呢？經常有人說，寫作的人太多了，是不是就賺不到錢了。恰恰相反，一件事情做得人多，市場才會繁榮，才更容易有收益。現在寫詩歌的人很少，詩歌的市場非常小，所以它不容易有收益。

02、這件事情有哪些收益。你一定要先弄清楚，這件事情到底有哪些收益，越清楚，目標就越明確，也就越容易更快地看到收益。而且，越知道這件事情的收益方式，越會篤定，不會別人說幾句不好就放棄。在確定要不要做一件事情之前，先弄清楚它的收益方式，看它是不是可靠的，是不是你能接受的。弄清楚了就全力以赴，不達目標不罷休。

03、這個行業短時間不會被淘汰。很少有哪個行業可以萬年長青，很多時候都是你輪番上陣。有些行業以前很紅，現在卻是夕陽產業了，從業人員紛紛逃離，收益也大幅下降。這種行業就不要進了，在這樣的行業裡，不管你多麼努力，結果也不會太好，只會讓你越來越自我懷疑，明明已經那麼努力了，為什麼還比不上身邊的同學和朋友。就算選不了回報率高的行業，至少也要選擇短時間不會被淘汰的行業，這樣你的努力才能有更確定的回報。

04、結果是你想要的。有些事情外人看來收益一般，但它的那些好處正是你想要的，那就不用糾結。人生不可能樣樣都得到，得到自己想要的，已經很好了。關鍵是人要知足，不能得到了自己想要的，又覺得它收益不夠高；得到了高收益，又嫌它太辛苦不夠自由。

人生總會有得有失，工作和學習也一樣，既要……又要……，這不滿那也不滿的心態，會讓你即使得到很多，依然過得不開心。

2 做有複利的事情

一件事情光有收益還不夠，那只能保證你處於平均水準，不至於徒勞無功。想要獲得更高的回報，你要在有收益的基礎上，選擇有複利的事情。複利的意思，簡單來說就是利滾利。按照正常的計算方式，假如一萬元存在銀行，會有300元的利息，不管存多少年，每年的利息都是300元。這也是大多數人所做的事情，每一年的收益都差不多。

如果按複利計算呢？同樣一萬元存在銀行會有300元的利息，第一年的利息是300元，第2年的利息就不止300元了，因為那

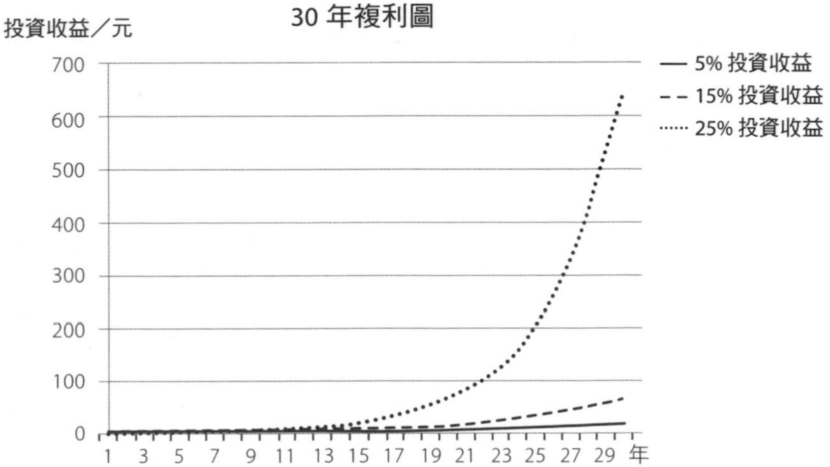

300元的利息也是要計算利息的。只要儘量選擇有複利的事情，收益也會更高。比如說，做自媒體是有複利的，同樣每年都在產出內容，但第一年粉絲少，收益比較低；第二年粉絲多了一些，收益會高一些；第三年粉絲更多了，收益也更高了。寫作也是有複利的，你寫得越多，名氣越大，名氣越大稿費就會越高，還會有其他一些合作機會，同樣每天寫文章，後面收入會越來越高。而且，這些版權還可以讓你有「睡後收入」，所也就是被動收入，你不需要花費時間和精力，睡著了也有錢入帳。這樣的收入越多，人過得越輕鬆。

怎麼分辨哪些事情有複利呢？有複利的事情，一般有以下這些特點。

01、容易產生被動收入。能產生被動收入的事情，都算是有複利的，因為你不用付出時間和精力，它依然還會源源不斷地帶來收益，這樣的事情儘量多做。如果做得好，就可以實現退休也有收益。

02、收益和知名度掛鉤。如果一個人的知名度越大收益越高，這樣的事情也是有複利的，因為隨著一點點積累，知名度一定會越來越大的，收益也會越來越高。名作家、名醫、名攝影師，基本上都屬於這一類。

03、收益和經驗掛鉤。有些事情是越有經驗越值錢，有些事情則是有無經驗差別不大，甚至更青睞年輕人，年齡大了容易被淘汰。比如勞動力密集的行業，重形象不重專業的行業，都屬於經驗沒有太多價值的。我們要儘量做越有經驗收益越高的事情，比如做諮詢、做顧問、做老師等。

找到有複利的事情，就可以嚴格要求自己，不停地學習，快速進步，並且堅持做下去。這樣不但不用擔心被淘汰，收益也會越來越高。當然，不是說所有的事情都要追求複利，只在重要的可以當作主業或副業的事情上做到就行，而其他的事情，不一定要把收益放第一位。

3 學會效益更大化

在紙媒時代，為什麼我一年只寫了360篇文章，卻發表了1400篇文章？發表量為什麼是寫作量的4倍呢？因為每一篇文章我都會想辦法讓它效益最大化。比如說，一篇2000字的文章，我會先投給雜誌社，在雜誌上首發。然後把它修改成800字左右的小文章，投給不同的報紙副刊版面。報紙副刊一般要求字數在800字左右，並且大部分是允許一稿多投的，也不介意文章是否在其他地方發表過。這樣一來，每篇文章至少可以發表3次。此外，很多雜誌以轉載為主，轉載也有稿費，許多知名雜誌，每期都會轉載很多文章。如果文章頻繁被轉載，等於自己什麼都不做，就能多一份收益。

為了增加文章轉載率，我專門設了一個博客，把新發表的文章都放上去，方便推薦人拿去推薦、分享。對於那些優秀的推薦人，我也會把最新的文章直接打包發給他們，讓他們可以第一時間推薦給雜誌社或媒體。各種方式加起來，我的文章那幾年簡直是鋪天蓋地地發表，隨便在市面上買幾本雜誌，翻開都可以看到我的文章。1400篇只是可以在網上搜到連結的，搜不到的肯定還有很多。

我用的方法就是效益最大化，同樣的一篇文章，如果只是按照正常流程投稿，只能發表一次，但我用了一些技巧以後，它可以發表4次。多發表3次不僅僅是多賺3次稿費，還讓我的名字多曝光3次，隨著曝光的增多，也會多很多其他的機會，比如成為簽約作者、出書、講課等。

後來我做自媒體，同樣努力做到效益最大化。先是做公眾號，然後把文章同步到今日頭條、百家號等平臺。同樣寫一篇文章，卻可以在多個平臺獲得收益，在多個平臺同時增加粉絲。一篇文章收益這麼大，當然很有動力堅持下去，所以連續7年我都保持日更，節假日也很少休息。也是在這樣的積累下，才有了350萬名的粉絲。做任何一件事情，我都想著讓它效益最大化。我有一個免費的寫作成長營，每個工作日我都在裡面分享寫作成長乾貨，免費的事情按常理說很難長久做下去，但我一做就是兩年。因為在免費分享的同時，我會把內容分享改成影片文案，拍了影片發在各個平臺上，這樣又可以吸引新的粉絲進群，並且購買寫作課程。一份分享內容，不僅僅讓學員學到知識，對我更信任，而且能夠在各個平臺吸引粉絲注意，打造影響力。一份付出，雙份收穫，這就是效益最大化。就連健身，我也會想著，能不能做到效益最大化。最後我選擇了跟著直播跳形體操，這樣可以一邊跳操一邊背唐詩。我不僅通過健身讓身體更健康了，還破天荒有了背唐詩的時間，這也是效益最大化。

所謂效益最大化，簡單來說，就是出一份力有多份收穫。畢竟我們的時間和精力有限，僅僅靠一分耕耘一分收穫，收穫就會有侷限。但如果一分耕耘多分收穫，在時間和精力不變的情況下，就可以拿到更多更好的結果。想要效益最大化，就要經常想一想：這件事情可以重複利用嗎？怎麼重複利用？重複利用不一定是直接重複利用，稍微額外花一點點時間和精力也是可以的，但總體來說，第二份收益所花的時間和精力，遠遠低於做這件事情的正常花費，那就是對的。

自律的路上，我們努力做一個高效的人，這樣才能更從容。

第3章

為什麼你總是上癮失控

> 欲望就是你跟自己的約定，約定的內容是：不得到我想要的東西，我是不會快樂的。
>
> ——《納瓦爾寶典》（*THE ALMANACK OF NAVAL RAVIKANT*）

每個人都有欲望，有些欲望是正向的、對人生有益的，有些欲望則會讓人一步步失控，變得越來越糟糕。好的欲望需要靠自律才能擁有，而糟糕的欲望，只要稍微放縱一下就能得到，就像刷短影音，玩遊戲，追劇、追網路小說等。偶爾放縱一下還好，但如果對這些行為上癮，它們就會像黑洞一樣，吞噬你的時間和精力，讓你再也無心工作和學習。別說成長了，現有的生活都可能一塌糊塗。

什麼叫上癮呢？心理學上的解釋是：明知後果，但依然頻繁地去做、無法停止的心理現象和行為表現。你可以參照下列三項判斷標準，看看是不是符合。

判斷標準一：結果不好。

結果有兩種。一種是看得見的顯性結果：因為這些上癮的事情，你沒有辦法用心工作和學習，造成二者都一塌糊塗，生活也非常不規律甚至影響健康。另一種是看不見的隱形結果：每次事後都心情低落，極度討厭自己，既焦慮又迷茫。

一件事情如果結果是好的，既能讓你的工作和生活變得更好，也能讓你的心情變得更好，那就不是上癮，就算是上癮，也希望這樣上癮的行為越多越好。

判斷標準二：有持續性。

有些行為雖然會有不好的結果，但只是偶爾做一下，不是長時間癡迷，這不算是上癮。上癮具有持續性，連續多日甚至持續多年都受它的影響，這才是上癮，所以不必為偶爾的癡迷行為擔心。

判斷標準三：難以控制。

控制不住地想做，而且一做就停不下來，即使心裡很想停，但就是控制不住，這就屬於上癮的狀況。如果對一件事情或某個東西很癡迷，但自己完全可以控制，雖然感覺不太好，但沒有到上癮的地步，就可不必緊張。

如果你覺得這些判斷標準還不夠清晰，可以花一點時間做個測試，看看以下情境是否曾遇經歷過。

01．一拿到它就捨不得放下，哪怕有工作等著自己，只要不是萬分緊急就遲遲不行動，甚至經常忘記喝水，忘記上廁所。

02．不願意出門，不願跟人打交道，只想和它在一起。

03．做完這件事心情很低落，覺得自己很糟糕，對生活失去掌控感。

04．家人都覺得你上癮了，覺得你只顧著它，忽略他們的感受。

05．你知道它非常不好，想要控制它，但總是無能為力。

06．情緒不好的時候，只要有它，就能暫時忘記壞情緒。

07．停止做它，會覺得煩躁、無聊、無所適從。

以上七種情境，如果擁有兩種以上，而且是經常，甚至是每天的程度，你的行為就屬於上癮。不過不用驚慌，其實大多數人或多或少都有上癮的行為，只要我們找到深層原因再對症下藥，就可以減少或消除它對生活和工作的負面影響。

01 上癮的深層原因

想要控制上癮行為，我們首先要知道自己是哪種形式的上癮，為什麼會上癮。只有充分了解自己才能對症下藥，最終藥到病除。按照不同的觸發原因，我們可以把上癮分為以下五種。

1 物質的依賴

• **典型表現：吸菸、喝酒、藥物。**

物質依賴就是對具體的物質上癮，例如喝酒，不喝就渾身難受，整個人無精打采的。但要記住上癮的三項判斷標準，如果只是普通的喜愛，不影響工作、生活和身體健康，就不要緊，除非它會帶來壞的結果，就需要刻意控制。

為什麼有人會對物質產生上癮行為呢？

一是某些物質本身就有成癮性。例如香菸裡的尼古丁，它進入人體後，會讓人變得很興奮而形成上癮；酒精進入人體後，會刺激大腦釋放大量的多巴胺，讓人感到愉悅，會使人需要更多的酒精來強化這種愉快感，慢慢就會上癮。二是環境因素導致。當你身邊全是吸菸或喝酒的人，如果不喝酒被視為落伍，為了讓自己不成為異類而加入，長期下來慢慢就上癮了。

2 成就感上癮

• 典型表現：玩遊戲、拍照發文。

成就感上癮屬於時代病，現在大多數的人都離不開手機，經常在社群媒體上分享日常生活。吃飯之前要先拍照發文，360度拍了很多張，飯好不好吃不重要，照片美美的才重要；買衣服、做美食、旅遊，目的是想拍好看的照片和短影音後上傳炫耀，收穫按讚數和羨慕。如果只是為了滿足炫耀的心理，它不會給你帶來任何好處，還會讓你無心工作和學習，無心感受生活，這是不健康的。

為什麼有人一玩遊戲就停不下來？因為每闖過一關，就會特別有成就感。有一款熱門手遊，因為第二關「地獄級難度」而衝上微博熱搜，有些人到處找攻略，通宵玩遊戲，就是要享受「別人都做不到但我可以」的成就感。

成就感是一種正向回饋，會讓人更樂意做一件事。只不過，若是沒日沒夜地玩遊戲，或者控制不住地拍照發文，雖然會在心裡產生成就感，卻對生活和工作無益，只是浪費時間。

3 未完成情結

• **典型表現：追劇、追網路小說。以下這些情況你一定有遇過。**

- 你正在寫一篇文章，別人叫你去吃飯，你會說：「等我把文章寫完再去。」
- 你正在看一部電影，別人找你出去逛街，你會說：「我把這部電影看完就去。」
- 你和人聊天聊一半，別人來叫你，你會說：「稍等，我把話說完就去。」

心理學有個現象叫蔡格尼效應（zeigarnik effect），指人們對尚未處理完的事情，比已經處理的事情印象更深刻。因為人們天生有一種「有始有終」的驅動力，把一件事情做完才會覺得完美，沒做完會無法放下。這個驅動力如果用在工作和學習上，可以讓你有始有終不至於虎頭蛇尾，但用在負面的事情上，會極大地損耗時間和精力，那就不太好了。

常有人為了寫作去看小說或去追劇，結果一追就停不下來，非得不吃不喝熬夜把它看完，不看完就心神不定，睡不著覺也無心工作學習，這就是非常典型的「未完成情結」。為什麼工作和學習時沒有「未完成情結」，追劇或看小說時就有了呢？有兩個原因：一是追劇或看小說是簡單的動作，不需要自己動腦子，劇情又讓自己感到很快樂，當然想完成。二是優秀的電視劇和小說本身就會設置很多懸念，一集或一章結束時都會留一個懸念，吸引著你往下看，等於引誘你上癮，而工作和學習都沒有這個設置。

4 未知的刺激

- **典型表現：刷短影音、抓娃娃、頻繁地查看各種訊息。**

我們一刷短影音、玩抓娃娃就會停不下來，因為不知道下一個短影音會刷到什麼、下一次能不能抓到娃娃，所以好奇而無法停止。

現在很受歡迎的盲盒，就抓住人們這種心理。我女兒就特別喜歡開盲盒，只要看到盲盒就邁不開腳，一定要買幾個才罷休。剛開始我非常不理解，以盲盒的售價，想要的玩具都可以買到啊，為什麼要賭一個未知呢？後來我發現，公司裡許多年輕同事也都喜歡，那種不確定性會讓人覺得很刺激。這就像許多人不喜歡一眼看得到頭的生活一樣，哪怕這種生活很富足，什麼都不缺，也依然會覺得沒勁，想換一種有更多可能性的生活。

我自己有一段時間對手機上癮，一邊看電子書，還能隨時查看各種微信資訊、有哪些人留言給我，其實這也是因為未知刺激。因為不知道會有什麼資訊，所以大腦一直處於緊繃狀態，要時刻看到才安心。

5 情緒的需求

- **典型表現：熬夜、購物。**

許多人都有熬夜的習慣，撇除工作和學習的原因，大多數人的理由既出乎意料又合情合理。因為他們覺得，只有夜晚的時間是完全屬於自己的，可以放肆地做自己想做的事情，如果不熬夜，覺得一整天都在為他人做事，也沒有機會做自己喜歡的事，這會讓人很沮喪。那為什麼不早起呢？早起也可以做自己喜歡的事情。因為，相對來說早起比較困難、熬夜比較簡單。人們會本能地做簡單的事情，而拋棄艱難的事情。

還有些人購物上癮，明明家裡的快遞已經堆積如山了，還是忍不住買買買，有些東西買回來甚至都沒有拆封就扔掉了，但下次還是忍不住再下單，因為他們享受下單的快感。有些人在情緒不好的時候，會買一大堆用不到的東西。

不管是熬夜還是購物，其實都滿足了情緒需求，哪怕事後會很失落，會覺得生活失控，但在那一刻，確確實實感受到快樂，情緒得到抒解。大腦也是有路徑依賴的，知道這件事能給自己帶來快樂，當自己下次想要快樂時，就會忍不住重複做這件事。

以上五種上癮行為，你擁有哪一種呢？

02 重新規劃你的生活

了解上癮行為不是我們的目的，重要的是解決上癮問題，讓生活和工作重新回到可控的狀態。有了上癮行為，不用太懊惱，更不用全盤否定自己，人生走一些彎路在所難免。心態越好越容易戒癮成功，當心態崩潰的時候，自制力也會變差反而更難戒癮。

女兒有一段時間上網路課程，一天到晚拿著 iPad，也因此對短影音上癮，上課時手指隨時準備切換到短影音上。有一週的時間她幾乎沒有辦法完成作業，因為無心聽課，作業根本不會做。我意識到她對刷短影音過度上癮後，開始控制她使用 iPad 的時間，並且陪她讀書、玩親子遊戲等方式轉移注意力。她的網癮慢慢戒掉後才恢復認真聽課、認真寫作業。所以，上癮真的沒有那麼可怕，不要在心理上被它打倒了。想要一切變得更可控，我們首先要做的就是「重新規劃生活」。

1 找到觸發原因和解決方法

找到觸發的具體原因很重要，不要僅僅用「自制力差」來含括，那太籠統了。舉例來說，我有兩年的時間每晚都熬夜，這讓我很懊惱，早睡這麼簡單的事情，我為什麼就做不到呢？我引以為傲的自律跑哪裡去了？

我開始找原因，我每天熬夜時到底都在做什麼？其實就是抱著手機刷各種資訊以及追新出的電視劇，也就是說，只要我能放下手機，就能不再熬夜。可是我發現自己放不下，這又是為什麼呢？我繼續追查，原來是因為我怕錯過重要的資訊。因為我的工作是「自媒體」，線上溝通是常態，而且我要寫文章，總擔心錯過熱點，所以，我堅決不讓手機離開我的視線。

找到原因後我開始思考，有沒有解決方法呢？難道我只能時時刻刻和手機綁定嗎？許多事情，一旦從解決方法上去思考，就會發現它並不是無解的。

我先總結自己最在意的溝通問題，發現過去的一、兩年裡，重要又緊急的、需要我立即回覆的訊息並不多，很多時候晚一點回覆其實也沒有關係。既然如此，為什麼要每天為它提心吊膽呢？而且我可以提前告訴自己的工作夥伴，有緊急事情時直接打電話找我。這樣不管我在做什麼，只要手機在身邊，都能第一時間接收到資訊。

另外，害怕錯過的熱點話題也有解決方法，可以固定幾個 App，早中晚各刷一次，每次十幾分鐘就好，這樣就算不能保證是在第一時間刷到重要資訊，但也不會錯過熱點話題，寫文章也完全來得及。

你看，其實有些問題沒有那麼難解決，只不過是我們習慣固有的方法，並且享受那種感覺，一邊為上癮行為懊惱又一邊快樂著而已。你要真的很想戒癮又很想改變，才能更快戒掉，如果你心裡並不想，再好的方法都是沒有用的。如果你不知道如何找到上癮行為的觸發原因，可以按照這個表格去填寫。

先找到上癮行為的觸發原因，例如為什麼會追劇？因為想寫劇評，所以需要追劇，結果一追就停不下來，很想知道大結局是什麼。那這個問題有沒有解決方法呢？可以到網上搜索結局，也可以少看新劇、二刷已經知道結局的老劇。

為什麼拍照會上癮？許多人拍照是為了發文。發文有

上癮行為	觸發原因	上癮原因	解決方法
熬夜	玩手機	怕錯過消息	告知夥伴有重要事時打電話
追劇	寫劇評	想知道結果	搜索結局、二刷戲劇
拍照	發文	很有成就感	做自媒體、寫文章分享增加粉絲

時是為了宣洩情緒，有時可能是為了逃避，更重要的一個原因是，發文可以得到按讚數和讚美，這些收穫讓人很有成就感。

如果你發文是它可以給你帶來成就感，那麼請想一想，能不能從其他方法得到成就感呢？或是，與其只個人網頁發文，小範圍自嗨又沒有收益，不如乾脆做自媒體，發在公眾平台上，去增加粉絲變現，讓這件事變得對人生有益。

思路打開後，很多問題就都不是問題了，找到觸發原因後，設想解決的方法，不僅解決上癮的心理問題，行為和結果也都隨之改了，算是順勢而為，執行起來也相對容易。

2 轉移注意力

齊白石每次作畫之前都會抽一支菸，這個習慣影響了他的健康，31歲時他決定戒菸。戒菸是一個很痛苦的過程，每當菸癮上來時，不抽一支就會覺得心煩意亂。這個時候，他就去作畫，因為作畫是他喜歡的事情，能夠讓他靜下心來，全心沉浸其中，注意力一轉移，自然就不想抽菸了。只要你的注意力用在其他地方，就會很自然地忘記讓你上癮的行為。若想要用其他事情來代替上癮行為，需注意以下幾點。

01、找自己喜歡的事情去做。如果做自己不喜歡的事情則會讓你更痛苦，會本能地逃避，而逃避的方式就是繼續玩遊戲或玩手機，反而會加重上癮行為。

02、回報結果。如果這件事情不論做得好不好，能否完成都沒關係，你就會拖延，所以最好的方式是回報結果。例如我每次製作新課程，都會跟員工說預計製作完成與招生的時間。目的就是給自己一點壓力，這樣我就沒有辦法偷懶了，必須按時完成，不然員工會覺得我不可靠，這是我絕對不能忍受的。

03、需要長時間來完成的事情。如果一件事只要一、兩天就完成了，這麼短的時間，很難戒掉上癮行為，最好是需要長時間去做的。例如寫作、繪畫、烘焙、做自媒體等，既可以讓你轉移注意力，又可以讓你多一份副業收益。

許多學寫作的學員反映，之前他們一有時間就刷短影音或追網路小說，還覺得自己挺忙的，一天到晚都沒閒著。後來下定決心學寫作，每天的業餘時間被安排得滿滿的，又是聽課又是找素材的，根本沒時間刷短影音了，他們發現一天天積累下來，一個月能寫10幾篇文章。

前面我講過記錄時間日記，不記錄的時候覺得自己一天到晚都在忙，根本不可能抽出時間做其他事情。但記錄完發現，原來是被不必要的事情占據太多時間。

每個人都有許多想學的知識，與其天天糾結要不要學、時間夠不夠用，不如直接安排起來。生活越充實，越不容易有上癮行為。

3 限制時間，降低頻率

在戒癮時，你是不是有這樣的誤區：覺得一定要完全不做上癮的事才算成功，一杯酒都不喝才算戒酒成功，一次手機都不看才算戒手機成功。

心理學上有個現象，人越壓抑自己的渴求，越容易上癮，不刻意壓制欲望用平常心對待，反而不容易被上癮行為控制。很多事情其實沒有辦法完全不做，以看手機訊息來說，當它有工作需求時完全不看是不可能的，而且忙碌了一天，也需要適度休閒、需要看看新聞、需要適當購物。如果一下子完全不看，一次都不碰，難度太大也不實際，還會引起強烈的戒斷反應，讓你心心念念想著它。欲望太強烈，會讓戒癮變得困難重重，人和欲望做鬥爭，太消耗意志力了。

所以戒癮時不要追求完美主義，只要有改善，不讓它影響生活和工作，就算是成功了。我們可以從下列兩點做起。

01、降低頻率。我在戒咖啡時，就是從降低頻率開始。以前一天喝三杯，一下子完全不喝會受不了，那就稍微控制一天喝一杯。但是我本身睡眠不好，喝了咖啡失眠會很嚴重，不得不完全戒掉，後來改成兩天一杯，一週一杯，到現在就完全不喝了。

如果你追劇容易上癮，那麼可以從每天都追，改成一週追一次，這樣一來，你對它的興趣就會慢慢減弱，就算偶爾失控一下，也不會特別影響工作和生活。

02、控制時間。以前每天要刷短影音3個小時，一下子要完全不刷會受不了，如果是工作需要就更是不能完全不看，但可以限制時間，從每天刷3個小時縮短到2個小時，再縮短到1個小時，最後慢慢把它變得可有可無。

孩子對玩手機上癮，許多教育專家都會建議家長控制孩子使用手機的時間，不管是孩子還是成年人，這個方法都適用。控制時間，就能把上癮行為的影響降到最低，慢慢淡化上癮。不企圖澈底不碰，只是限制時間並降低頻率，這樣改變不大，心理更容易接受，有點像溫水煮青蛙，不痛苦，但一切都在慢慢改變。如果自己做不到，可以借助他人的力量，告訴家人或者同住的朋友，請他監督你，當你超出時間時，立即提醒你。

03 切斷上癮念頭，快速戒癮

找出上癮的原因，找到解決方法，也做了全新的工作和學習安排，還限制時間、降低頻率，是不是所有問題就都解決了呢？

當然不是，這麼容易解決就不叫上癮了，你會發現，不管安排得多好，自己總是會在某個瞬間，控制不住地，手彷彿不聽使喚，完全被上癮所控制。這會讓你無心做其他的事情，也會讓你更加懊惱、失落。這個時候，那些宏大的目標和安排都不起作用，遠水解不了近渴。

接下來，我會分享一些簡單、有效的方法，把你立即從上癮的漩渦裡打撈出來，實現快速戒癮。

1 強制切斷法

我曾經對上網這件事上癮，只要有網路，總忍不住一會看看新聞，一會看看別人的文章，一會看看微信訊息。在寫一篇文章之前，明明打開了 Word 文檔告訴自己要 1 個小時內寫完，但總是忍不住同時打開多個網頁。結果你應該猜到了，只要一打開網頁就會無止境地看下去，等到時間所剩無幾時，終於想到自己還沒有寫的文章。通常只有兩種結果：「算了，第二天再寫吧，剩下的時間再看看新聞好了，反正時間也不夠了」、「匆匆忙忙去寫，但好久進不了狀態，浪費時間，品質也堪憂」。

這讓我非常沮喪、覺得自己很差勁。我意識到這樣下去肯定不行，但又實在控制不住自己打開網頁的行為，該怎麼辦呢？我決定在寫作之前，先關閉網路，手機也放在另一個房間，強行把可以上網的東西都切斷。這樣我只能老老實實地坐在電腦前，就算剛開始依然靜不下心來，但沒辦法隨手打開網頁，再加上心裡不斷告誡自己：趕緊寫文章！於是只能開始敲擊鍵盤了。

一旦進入寫作狀態，就不會再想上網的事情，可以一鼓作氣把文章寫完。等文章寫完後，心裡滿滿的全是成就感，覺得一切都在控制中，對自己充滿信心。人在有自信的時候，自制力是最強的，也不會想著再去看新聞、看訊息了。因為自信本身就是一種正向回饋，可以讓人獲得快樂。

這個方法我在微信社群分享後，大家都覺得好狠，但他們嘗試過以後，都說效果不錯。不管是上網停不下來，還是喜歡一邊寫作一邊上網的行為，都有了很大改變。人有時候還真的需要對自己狠一點。

我們之所以會對一件事情上癮，是因為做這件事超級簡單，不需要動腦筋，而在做的過程中，大腦又會不斷地分泌多巴胺讓人覺得快樂。這麼輕鬆快樂，當然隨時都想去做，而且一做就停不下來。當我們用強制切斷法，一來，切斷隨時去做的便利，快樂就會因為不便利而大打折，久而久之也就不想做了。二來，如果大腦不斷分泌多巴胺，快樂也就不會中斷，對快樂的索取就會永無止境。強制切斷法，可以把這個過程打斷，就像一輛高速行駛的汽車遇到障礙，速度就會慢下來，速度一慢，一切就變得可控了。

當你控制不了上癮時，可以試試強制切斷法。打亂上癮的節奏，讓它別那麼唾手可得，別那麼順利，這個時候，你會重新拿回控制權。

2 先等 3 分鐘

每天吃完晚飯後會有一段閒置時間，我總忍不住在這時拿出手機刷短影音，往往一刷就是好幾個小時，沒刷出什麼新意也很難停下來。結果就是想看的書沒有看，也沒有時間陪孩子，搞不好還會熬夜。一個晚上的時間就這樣白白浪費了，都是從拿出手機刷短影音那一刻開始的，當我意識到這個問題，下次再準備拿手機時就會猶豫一下，跟自己說：等3分鐘吧，如果3分鐘後還有強烈的刷短影音欲望，那時再去刷。

為什麼要等3分鐘呢？心理學上有個「3分鐘定律」，生氣的時候，冷靜3分鐘，你會發現那股氣慢慢淡了，這樣會避免你衝動行事；說話之前，先等3分鐘，在心裡醞釀一下，說出來的話會好聽許多。

人往往只有3分鐘熱度，在3分鐘內，對一件事的熱情像沸騰的水、奔騰的馬，排山倒海，勢如破竹，攔都攔不住。但3分鐘之後，熱度逐漸降低，氣勢也沒那麼足了，自然容易攔截。這時，理性會占上風。許多人都討厭3分鐘熱度，它經常讓人做事半途而廢，不能長期堅持。但在戒癮時，我們正好可以反向利用3分鐘熱度。

既然3分鐘後，人不會那麼衝動，欲望不會那麼強烈，那我就等3分鐘再拿起手機。3分鐘而已，喝杯水看看窗外的風景，時間就過去了，沒有那麼難熬。神奇的是，3分鐘後，我真的對刷短影音變得興味索然了，覺得它很沒意思，刷來刷去都差不多，純屬浪費時間，不如去讀1本書或者陪陪孩子，我很喜歡這個方法。當你強烈地想要做令你上癮的那件事時，可以努力先暫待3分鐘。3分鐘而已，性子再急的人也能接受，當你真正地等了3分鐘之後，做那件事的欲望也就沒那麼強烈了，這時自然很容易控制住。

3 厭惡治療法

美國心理學家史金納（B. F. Skinner）有一個著名的「增強理論」（Reinforcement Theory），普遍用於兒童教育中。這個理論有兩個重點：一是正強化，二是懲罰。如果一個人的某種行為能得到獎勵，這個行為就會被強化；如果某種行為會被懲罰，下次就不想再做。

本書前面的章節提到要不斷給自己激勵，會更容易自律。其實給自己激勵，就是一個正強化的過程，你會越來越喜歡自律，越來越享受自律。現在我們想戒掉上癮，讓自己不喜歡上癮行為，就要反過來「用懲罰」。例如你可以給自己定個規則，玩一次遊戲或者刷一次短影音捐款1000元，熬夜一次洗一次衣服等。這些懲罰會讓你有實實在在物質或精力上的損失，也會讓你產生痛苦。這種痛苦會反過來讓你對上癮的事情心存厭惡，而不願意再去做它了。

在制定懲罰措施時，遵循以下兩個原則。

01、懲罰內容讓你痛苦。不管是金錢的懲罰還是其他懲罰，一定是讓你感到痛苦的，如果覺得懲罰不痛不癢就起不了作用。所以，你要捨得對自己下狠手。

02、有人監督。如果只是自己在心裡默默定規則，很容易食言，反正也沒人追究。所以最好跟身邊的人說，請他們監督你或者在群組裡廣而告之，你一旦破戒，就會有人監督你完成懲罰內容。

我看過許多人把自己的規則發在微信群組裡，只要沒做到就發紅包，群組成員也會時刻監督，或者發文讓更多的朋友監督。把上癮的事和痛苦的事綁定，只要一做那件上癮的事就要承受痛苦，慢慢會形成條件反射，想到那件上癮的事，心裡就覺得痛苦、會抵觸，慢慢地就產生厭惡心理，不再那麼喜歡它了。這個方法，也叫厭惡治療法。

除了定規則，用懲罰的方式把上癮行為和痛苦的事情綁定，也可以在心裡想想上癮事件的壞處，並把這些壞處寫下來，貼在可以隨時看到的地方。最重要的是你自己要遵守規則，畢竟，這世上能讓你改變的，只有你自己。心理學還有個現象叫超限效應，意思是說，一個人接收到時間過長、強度過大、頻率過高的刺激，神經細胞會處於抑制狀態，讓人產生極不耐煩的心理。不耐煩是厭惡的基礎，而厭惡是遠離的開始。

04 設下防護罩，戒癮不反彈

大多數戒癮的人，都會經歷三個階段。第一個階段，意識到上癮行為對自己影響很大，下定決心戒癮；第二個階段，和上癮行為對抗，並且成功了；第三個階段，在某個契機下，上癮行為捲土重來，反彈了。

曾國藩戒菸時曾反反覆覆戒了三次。第一次，其實心裡並沒有那麼想戒，所以戒了幾天又抽了；第二次，下定決心戒菸，還寫了戒菸日記，可是一出門看見別人抽菸，又忍不住抽了；第三次，為了表明決心，他把價值不菲的菸杆都砸了，這次戒菸成功後，終生沒有再抽菸。

反彈是很常見的情況，最典型的就是減肥。而反彈的原因也多種多樣，一種是情緒問題：每個人都會遇到或多或少的挫折，進而影響情緒。人在情緒崩潰的時候，很容易放縱自己，讓自己獲得短暫的快樂，尤其是曾經上癮的行為。另一種是環境問題：你所在的環境裡，有許多人都在做這件事，你也會忍不住去做。還有一種是心理問題：心理壓力過大或者總是焦慮，也容易讓自制力失效，忍不住去做上癮的事情。

戒癮並不是一件容易的事情，一旦成功了，就要打好保衛戰，不要讓上癮行為出現反彈。接下來，我們根據這些反彈的原因，運用相對應的方式，鞏固戒癮成果，讓上癮行為不再反彈。

1 遠離上癮環境

你終於戒酒了，某天朋友找你一起去聚會，你去了，發現朋友已經幫你點好了酒還勸你說：偶爾喝一下沒事的。盛情難卻也好，覺得朋友說得有道理也好，你最後還是會喝下這杯酒。你終於戒掉玩遊戲，但是，身邊的朋友經常組隊一起玩。別人都拿著手機，說著遊戲裡的術語，你根本無心做其他的事情，最終忍不住下載遊戲，重新加入玩遊戲的隊伍。

不要覺得只要自己意志堅定，就一定不受影響。人是環境的產物，身邊的人都認認真真排隊，你也會排隊；身邊的人都不排隊，爭著搶著往前擠，你也會擠。人都有從眾心理。但是，透過以下這些小技巧，我們還是可以做到的。

01、不置身於可能會觸發上癮的環境裡。比如，你戒了酒，朋友約你到酒吧小酌一杯，不要想著「我就去坐一坐堅決不喝酒」，這太消耗意志力，也很容易控制不住。直接從源頭上切斷，如果方便換地方，就跟朋友換一個地方約會；如果不方便，就找個藉口推掉這個約會。不要不好意思，沒有什麼比控制自己的行為更重要。其實，朋友並非一定要到酒吧，可能以為你喜歡喝酒呢，也可能並非一定要約你，有事情可以單獨聊，也可以約著做其他事，感情不會變淡的。

02、廣而告之。齊白石在戒菸時，特地寫了一副對聯：煙從水上去，詩自腹中來。這副對聯既是告誡自己也是告訴親戚朋友，等於把戒菸這件事廣而告之。這個好處有兩個：一是別人會監督你、配合你，知道你戒菸，就不會主動遞菸給你，看到你抽菸也會提醒你。二是對自己形成心理壓力，畢竟大家都知道了，萬一自己做不成，不是成為笑話了嗎？但凡是真心的朋友，知道你在戒癮，一般都會提醒，就算不提醒也不會故意引誘你。故意引誘的朋友，可以少來往，這個方法還能幫你鑒別朋友呢。

03、短暫逃離原有環境。有些上癮環境在家裡，例如玩遊戲，只要有時間，就會躺在沙發上玩，不玩覺得無聊，我女兒就屬於這種情況。後來我就決定，只要她作業做完就帶出門，哪怕只是迎著陽光在馬路上騎騎自行車，只要出了家門，她就不會想著玩遊戲或刷短影音了，根本不用控制。

成年人也一樣，如果你宅在家裡容易玩遊戲或刷短影音，那就儘量別宅在家裡，事情做完了就出去散散步、逛逛街或者跟別人聊聊天。不在上癮的環境裡，自然想不起來要做上癮的事情。

04、改變環境。除了遠離上癮環境，也可以盡自己所能改變環境。我女兒之所以對玩手機上癮，很大一部分原因就是家庭環境，我們大人因為工作原因在家都還是盯著手機，女兒受我們的影響會理直氣壯地認為：大人都能玩，我為什麼不能！即使我們再三強調：大人是在工作，但她堅決認為我們就是在玩。到底是工作還是玩根本不重要，看到爸爸媽媽拿手機，她也會習慣性地拿起手機，想要改變孩子，一定是先改變大人。後來我們儘量不在她面前拿著手機，還買書陪她讀，她自然就不想著玩手機了。

環境是最容易被我們控制的，先從這裡入手，遠離了不良環境，上癮行為就會自然消散。

2 多想「我想要」，少想「我不要」

人越是不想要什麼，就越容易想著它，繼而越難擺脫它的控制。比如說，你不想讓自己上癮，反覆地提醒自己，這件事反而一直保留在你腦海裡時不時地想著，這個現象稱為「白熊效應」（white bear effect）。美國哈佛大學社會心理學家丹尼爾・維格納（Daniel M. Wegner）曾經做過一個實驗，他告訴參與者不要想像一隻白熊，不說還好，他這麼強調以後，參與者反而會控制不住地想像白熊。

在親子教育上，專家也會反覆提醒家長，不要跟孩子說「不要做」。比如，不要跟孩子說「好好做作業，別看電視！好好看書，別玩遊戲！你能不能不玩遊戲？」孩子記住的就是「看電視、玩遊戲」。在戒癮上，許多人擔心反彈，也會反反覆複地提醒自己：一定不要反彈，一定不要再去玩遊戲或刷短影音了。這種提醒，看似是在堅定決心，但每一次提醒，其實都是對意志力的消耗，還會因為總擔心自己做不到而變得特別焦慮。

過度焦慮，同樣會消耗意志力，讓人處於崩潰的邊緣，一不小心就會放縱自己，重新去做上癮的事情了。所以，不要總想著戒癮反彈這些事，當它沒有出現時，你就當它不存在；當它出現時，用前面的方法控制就好。

人越是有強烈的「想要」的欲望，自制力越強。

因為「不想要」是負面的，「想要」是正面的，負面的想法會讓人否定自己，讓人變得不自信而減少意志力。而正面的想法會讓人肯定自己，變得更自信而增加意志力。若要多想「我想要」，少想「我不要」，可以用下列這些方法：

01、寫情緒日記。自律達人曾國藩會在日記裡自省和寫出自己的情緒，戒菸時他在日記裡寫道：「乃以初戒吃煙，如失乳彷徨，存一番自恕意思。此一恕，天下無可為之事矣。急宜猛省」。說自己剛開始戒菸時，就像孩子戒奶，徬徨不安，癮一犯，覺得只有抽菸是天下頭等大事。

不要小看日記，日記的力量非常強大。許多人寫日記都是以情緒宣洩為主，看上去亂七八糟的，但寫完就覺得很舒服，情緒得到抒解，這也是很多人愛上寫日記的原因。美國作家詹姆斯·彭尼貝克（James W.Pennebaker）在《書寫的療癒力量》（Opening Up by Writing It Down）這本書裡提到，當一個人想法太多而失眠時，把自己的擔心和煩惱寫出來，更容易入睡。因為寫出擔心和煩惱以後，情緒被釋放在紙和筆上，心裡就輕鬆了，不會再想著這些事情。

列工作清單，也有異曲同工之妙。一件事情如果不記錄下來，人就會不停地想著它，因為本能地擔心會忘記，記的事情越多，腦子的負擔就越重，人也越容易覺得累。白紙黑字的寫下來，腦子卸下這個重擔就會輕鬆許多。寫情緒日記還有個好處，生活裡遇到的那些壓力，也能透過情緒日記疏散，情緒不失控，更容易戒癮。

02、多投入新事件。想要戒癮，就需要重新規劃生活，用新的事情來代替上癮的事情，這樣就沒時間做上癮的事情了。但是，這會有一個拉扯期，如果新的事情不是那麼有吸引力或者不是那麼想要，可能你還是會忍不住逃離這件事去做上癮的事情。我們要做的，就是讓自己盡可能多想新的事情，加強自己對這件事的欲望。

想要做到這一點，就需要投入更多的時間和精力，甚至是更多的學費。你在一件事情上投入越多就越想達到目標，「我想要」的欲望也就會變得越強烈。而且，投入多就代表注意力更聚焦在這件事情上，注意力更多，當然更容易想它，而不是想讓你上癮的事。

還有很重要的一點是心態要放鬆，不要太緊繃，不要一副如臨大敵的樣子，越輕鬆，越容易自律。上癮不是多致命的事情，但也不是多美好的事情，所以我們最好從源頭上杜絕。

第4章

為什麼你總是在拖延

> 很多人喜歡拖延，他們對手頭的事情不是做不好，而是不去做，這是最大的惡習。
>
> ——比爾．蓋茲（WILLIAM HENRY GATES）

比爾．蓋茲在上學時就有拖延的習慣。他喜歡讓別人覺得他不努力也可以，所以很少去上課，裝作對一切都滿不在乎，考試前兩天才開始看書。但當他成為商人以後，發現這是個非常不好的習慣，這只會讓人覺得不放心。因此，他花了許多時間來改變。其實，大多數人多少都有拖延的習慣，就像下列這些情形。

1．本來說好這個月要看完1本書，可是到月底連一頁還沒看。最後不了了之。

2．明明時間很充足，可就是不願意行動，一定要把事情拖到無法再拖，才匆匆忙忙開始做。時間不夠用，只能加班熬夜或者敷衍了事。

3．本來想複習考試題，但一坐下來卻開始翻看閒書，1本書翻完了才發現考試題一道都沒複習，而距離考試時間已經越來越近了。

以上這些情形若有其中一個且不止一次，就說明你有拖延的習慣。拖延症，會讓你無法按時完成該做的事，會影響後續的計畫，也會影響你得到更好的結果。其次，它會讓你看起來不靠譜，別人就不放心把重要的事情交給你去做。這個結果，比事情做不好影響更大。再者，它會影響你的情緒，事情做不完，最痛苦的人一定是你自己，你會懊惱、會沮喪、會對自己失去信心也會感到焦慮。

你拖著不做的那些事不會有人幫你做。越拖，所承受的壓力就越大；越拖，事情就越容易失控。所以，你要行動，並且儘快行動，這樣才能擁有更多的主動權。接下來，我們來了解拖延習慣形成的深層原因，以及如何才能不再拖延，讓自己變成一個行動派，井井有條地完成該做的事。

01 找到導致拖延的真正原因

每個人做事拖延的原因都不一樣，但凡是有拖延習慣的人，都會感到焦慮。我曾經在直播間，讓學員把自己做事拖延的原因寫出來，例如，你明明說好了要看書，但一直拖著沒看，到底是為什麼？答案五花八門，有人說沒時間；有人說覺得看了也沒什麼用；有人說太枯燥了，看不下去……

所以並不是人們天生就有做事拖延的習慣，而是因為有各種各樣的問題阻礙了行動。只是，很少有人會認真分析自己到底為什麼做事拖延，而是習慣用一句「我有拖延的習慣」來解釋一切。一般來說，一個人養成拖延習慣的原因，無非就是以下五種。

1 不喜歡、不認同

我自認為沒有做事拖延的習慣，任何事情都會提前完成，如此才有安全感。但是，有一次我要參加一個考試，需要看教材，那個教材真的太枯燥了，看了大概1、2頁吧，實在看不下去。我想歇一會總行吧？就站起來，走到書架旁，隨手抽出1本書。

不可思議的是，我就這樣站在書架旁，不知不覺地把那本書看完了。這讓我意識到，我一直拖著不肯看教材，不是因為我有做事拖延的習慣，而是因為不喜歡，但又不想浪費時間，所以乾脆做其他的事情，把時間填滿。至於替代的事情是什麼，根本不重要，只要不是看教材就行了（那本書放在書架上已經半年了）。

許多人在做一件事情時拖延，卻一直在忙著做其他的事情，其實就是因為不喜歡這件事情。這跟「不認同」很類似。例如人人都在強調讀書的好處，但你並不認同，自然就沒有動力讀書；主管安排你專案，你不認同且覺得完全沒必要做，心裡自然充滿抵觸。對於不喜歡和不認同的事情，人會本能地逃避，因為做這些事情實在是太痛苦了！誰想積極地嘗試痛苦呢？當然是能拖就拖，拖不過去再說。

2 不輕鬆

如果一件事情很好做，那麼沒有人願意拖著不做，例如發文或者回覆一條很平常的訊息。能輕鬆搞定的事情，做起來就會非常愉快。但是如果事情做起來有難度，就不想開始。例如，我曾經給辦公室的同事一項任務，讓他們每週寫一篇文章，不會寫沒關係，可以找我討論，寫得不好我也會給出修改意見。其他的工作他們都完成得很好，也不會拖延，但是寫文章這項任務卻需要我不停地催促。

我剛開始不太理解，他們來公司上班其中一個很重要的原因，是因為他們喜歡寫作，也希望能來這裡把文章練好，以後可以做自由寫作者。現在給他們這個機會了，為什麼卻要拖延呢？後來我一問才知道，他們不是不想寫，而是覺得有難度，不知道寫什麼、寫出來自己不滿意等諸多情緒，即使我給出修改意見，他們也覺得很難。

人都有畏難情緒，如果一件事情對你來說比較難，你就會把它放在一邊，先做不那麼難的事情。而你之所以覺得某件事情難，有兩個原因：一是沒有做過，不知道如何下手，也不知道流程是什麼；二是知道流程，但能力暫時達不到，做起來比較困難。

經常有學員跟我說：小小老師，我想寫作，但就是下不了筆怎麼辦？我會毫不客氣地指出來：你不是下不了筆，你只是畏難，但是只要你硬著頭皮寫，就一定能寫出來。

凡事做得越多越熟練，越熟練也就覺得越容易。一開始，幾乎都是難的，如果畏難，一生都無法成長。

3 怕結果不好

這也是非常典型的養成拖延習慣的原因。我國中時有位同學，平時不好好念書，總是拖到考試前才匆忙翻幾天書。但她的考試成績並不差，當然起伏也大，有時候中等，有時候能排進前十。有一次她的成績在全班排到第六，一下子就被封「神」了，因為大家覺得她好厲害呀，平時都不讀書的人，臨考前讀一讀，居然能考到第六名，比天天讀書的第一名強多了（我就是從不拖延、天天讀書的第一名，大家覺得我的成績是用努力換來的，一點都不酷）。我也跟其他同學討論過，她明明那麼聰明，臨考前讀書都能考第六名，為什麼不再努力一點，爭取穩在前三名呢？她答得比較委婉，但意思是：如果天天都很努力，但是考不好的話，別人不是會覺得她很笨嗎？

說到底，其實就是怕努力了結果卻不好，所以乾脆不那麼努力，這樣就算結果不好，別人也會覺得她只是不努力、不會覺得她笨。後來我教人寫作，發現許多人在寫作時也會拖延，理由也是擔心寫不好、擔心寫了發表不了，辛辛苦苦忙了半天，最後卻一無所獲，那不如乾脆拖著不做。

總體來說，擔心結果不好，主要擔心付出後沒有收穫或者收穫不如預期、失敗了怕別人笑話。總結一句話就是：既怕對不住自己，又怕他人的眼光。因為擔心結果不好，所以不做，但不做就永遠不會有結果，這真是一個迴圈。我們只有打破內心的懼怕，才能儘快行動。

4 預留時間不足

我女兒就屬於這種情況。不管有多少作業，她從來都不慌。我催她儘快做，她會說：「明天才交呢！」等拖到後面才發現，自己留的那點時間，根本就不夠完成作業。只能熬夜做或者寫得超級快又超級爛。這種情況就屬於對時間預估不準。

許多成年人也有同樣的問題，覺得一項工作很快就能完成，於是一直拖，等後面真正去做的時候才發現，留的那點時間根本不夠。我們有時候對自己過於自信或對所做的事情認識不足，就會出現這種情況。如果能吸取教訓還好，最怕的是不長記性，下次依然如此，久而久之，就養成拖延的習慣了。本章後面的內容，我會幫大家分析如何更好地規劃時間，如何在規定時間內妥善地完成工作。

5 事務繁忙

有讀者在我的公眾號後臺留言，請教時間管理問題。他說自己最近太忙了，同時做好幾個專案，每天都很焦慮，不知道從哪下手，導致專案一拖再拖，眼看快要做不完了，問我有沒有好的解決方法。

在一個時段內，同時要做的事情太多，這也想馬上做好，那也想馬上做好，千頭萬緒，反而不知道如何下手了。前面講過，在一個階段內，做的事情最好不要太多，因為同時做的事情太多，會大量消耗人的注意力，人會感覺特別累。

如果再不合理規劃，這些事情就會成為一團亂麻，不知道從哪做起，自然就會一拖再拖。如果事情太多，我們就應先做最重要的那件事，其他的依序往後推。

上述內容就是對拖延習慣形成的五種原因的介紹。接下來的內容，我們會「穩、準、快」地來解決這些問題。

02 目標越明確，越不容易拖延

沒有目標的人就像無頭蒼蠅一樣，忙忙碌碌卻一無所獲，或者得到的根本不是自己想要的。如果你有拖延的習慣，那麼更要有明確的目標，不然會有無數個藉口不行動。我們要做的，就是把籠統的目標變得很具體、實作性強，任何人看了都知道要怎麼做。

那麼，具體的方法是什麼呢？

1 建立目標

例如：「想做一項副業」這只是想法，不是目標。你需要問自己以下三個問題，進一步細化成具體的目標：

01、我想要達到什麼樣的效果？你想做副業、想寫作、想看書，最終想達到什麼樣的效果？是純粹想娛樂、還是因為感興趣要陶冶情操、還是單純想變現？答案不要太多，想要的太多，步伐就不知道該往哪邁。如果真的有多個答案，挑選其中你覺得最重要的一個。例如你很確定你想靠寫作來賺錢，那陶冶情操之類的答案就靠邊站（當然，能同時達到更好，達不到也沒關係）。

這一步很重要，有些人既想靠寫作來賺錢，又想用它來記錄生活，就開始糾結：到底應該寫賺錢的文章呢，還是隨意記錄一下生活呢？糾結來糾結去，覺得怎麼做都不滿意，怎麼做都會陷入精神內耗，最後乾脆不了了之。人只有朝著一個方向努力，才能走得更快，也更清楚要怎麼走。

02、如何才能達到這個效果？你已經知道自己想要達到的效果，例如想靠寫作來賺錢。接著要想一想，怎麼才能達到這個效果。因為靠寫作來賺錢，依然不夠具體，你還是不知道要怎麼做。

首先，你需要了解寫作賺錢的邏輯，可以找專業人士諮詢、在網上搜尋別人的分享或者閱讀相關的圖書。透過這些方法可以知道寫作有不同的賺錢方式：投稿、做自媒體、接案等。同樣地，從中挑出一到兩種可以實踐的方式，例如你覺得自己可以做自媒體，也可以投稿，那就選擇這兩種。

03、什麼時候達到這個效果？好，現在你的目標越來越明確了，你要靠投稿和做自媒體來賺錢。接下來要給自己一個期限，不然就會無限地拖下去。例如說，靠投稿來賺錢，你打算花多久時間？不要說時間越短越好，那樣只會讓你焦慮。你要根據自己的時間、能力正確地去評估。一般來說，寫作三至六個月可以變現，如果你時間少、基礎不穩，可以給自己六個月的時間，每個月保證至少寫5篇文章。

這樣目標就更明確了，不僅有具體的內容，還有實現的時間，也能最大限度地避免拖延，因為拖延了就不能按時完成目標了。只要是對自己有要求的人，都會想辦法在規定期限內完成目標，有了時間期限，人確實會更有緊迫感，讓人充滿鬥志。

我們可以把確立目標的流程列成表格，直接按表格填寫，這樣更直觀。

事件	想達到的效果	如何達到	時限	具體安排
寫作	寫作變現	投稿	6 個月	每個月至少寫 5 篇
新媒體	宣傳公司	增加粉絲、推送宣傳內容	3 個月	預計增加粉絲 1,000 名，一週需要更新 3 次
讀書	學會溝通	看溝通類圖書	3 個月	每週 1 本

2 拆解目標

用六個月的時間實現投稿賺錢，每個月至少寫5篇，確實是很具體的目標了，但是要怎麼做呢？接下來就需要拆解目標，把達標所需的每一個步驟都確定下來，這樣才能真正開始。我們依然以投稿賺錢為例，想達到這個目標，需要以下幾個步驟。

第一步，學會寫文章。

第二步，收集投稿資源。

第三步，研究平台調性。

第四步，按要求寫文章。

第五步，把文章發到編輯的電子郵箱。

想要靠投稿來賺錢，基本上就是這幾個步驟，第一步要學會寫，寫都不會寫怎麼能投稿呢？第二步要知道有哪些平台收稿，不然寫完稿子也投不出去。第三步要研究這些平台需要什麼樣的文章，才能保證寫的稿子符合平台要求。第四步就是按平台的要求寫文章。第五步，把寫好的文章發到編輯的電子信箱。

這樣一拆解，你是不是馬上就知道該怎麼做了？先學會寫，這一步的學習方式有許多種：看書、自己摸索等。最好確定自己適用哪一種方式，不然光是「學寫作」這一項，就會讓很多人糾結。

在學習寫作的同時，你可以收集投稿資源，上網搜尋、向別人要或購買都可以。現在也有很多帳號專門收集別人的徵稿訊息，發在自己的帳號上，比如我有一個公眾號「湯小小輕鬆高效寫作」，每天都會發徵稿資訊。透過這些方式，收集大量投稿資源，然後從中挑選適合自己的平台。鎖定合適的平台後，多去看平台上的文章，看這些平台大多選用什麼類型的文章，是情感類還是歷史類？是育兒類還是美妝類？情感類是寫婚姻方面還是寫戀愛方面？這些都了解清楚後，你就知道什麼樣的文章容易發表了。

再舉個例子，你要出一本爆款書，但一直拖著不行動，就是不知道從哪做起。我們同樣可以拆解一下步驟。

第一步，確定選題方向。

第二步，和編輯溝通。

第三步，寫好目錄和樣章。

第四步，簽約。

第五步，寫書。

第六步，書上市後宣傳。

把步驟列出來，就有了頭緒，知道怎樣一步步去解決問題，而不是乾著急卻遲遲沒有行動。當你不知道一件事情如何開始時，可以拿出紙和筆，把想到的步驟一個個寫下來，再合理地安排這些步驟，逐一完成即可。一般來說，每一個步驟都有很多種解決方法，儘快確定一種，不要糾結，這種行不通立即換另一種。哪怕走一些彎路，也比拖著不行動強百倍。

03 計畫越清晰，越不容易拖延

有了目標，也知道每一件事情應該怎麼做了，但是，依然會因為種種原因拖著不做。

所以，我們還需要有清晰的計畫來指導自己的行動，這樣才更清楚什麼時候該做什麼，

那麼，計畫要怎麼制定呢？

1 運用各式清單來制定計畫

當你做事缺乏條理性，無法合理安排時間，不知道如何下手做事情的時候，列清單準沒錯。特別是在剛開始做一件事情，或者這件事情比較複雜時，都會讓人不知所措，不知道從何下手。提前把清單列好，不但讓你清楚地知道每天要做什麼，也能減少內耗，讓整個人變得更輕鬆。

我自己每次進行新的事情時，都會列「初步清單」與「日程清單」。

初步清單。就是大致規劃每個步驟什麼時間完成、是否需要其他人配合。例如要製作一門新課程，按照前面拆解目標的方法，我會將製作課程拆成以下幾步。

第一步，確定課程方向並寫好課程目錄。

第二步，寫好課程大綱。

第三步，寫每節課的逐字稿。

第四步，錄製課程。

第五步，剪輯。

第六步，招生並開課。

第七步，經營。

以上只能算是一個明確的目標，但是每個步驟具體有哪些事情需要做、什麼時間做完、由誰負責……這些問題還不是很清晰。你會發現，這樣的課程可以三個月製作完，也可以半年甚至是一年製作完，隨便哪個環節拖一拖，完成時間就不確定了。所以，我們要根據個人的時間、精力及能力，評估每個步驟的完成時間、每個步驟的細節和注意事項，使用下面這個表

事件	完成時間	負責人	協助人
課程目錄	2 月底之前	湯小小	小文負責一個類目
課程大綱	3 月底之前	湯小小	小文負責一個類目
逐字稿	5 月底之前	湯小小	小文負責一個類目
錄製課程	6 月底之前	湯小小	無
剪輯	6 月底之前	小湯寶	一妹協助檢查錯漏
招生	6 月 20 日	湯小小寫文案並直播	一妹做海報及宣傳
營運	課程期間	湯小小解答，一妹經營	小湯寶、小文評論

格來記錄。

如果覺得表格麻煩，也可以直接用文字簡單記錄，我一直提倡把一切程序簡單化，千萬不要為了列清單又去學習製作各種表格。我把表格做出來，主要是為了提供大家思路，至於形式，只要方便都行。

有了上面這個清單，你會發現每個步驟都卡得很緊，不管有多少人協作，都要在規定時間內完成，這樣就能如期完成。但是，現在還不夠，有了步驟，怎麼保證每一步都能按期完成呢？這個時候，我們需要把初步清單再細化。

例如三月底之前完成課程大綱，五月底之前完成逐字稿，要怎麼安排才能保證兩個月內完成逐字稿呢？我們這個課程總共有32節，所以一個月要寫16節課，每週要寫4節課。每節課字數在10000字左右，依我自己的速度是每天可以寫10000字，所以，我計畫每週每個工作日的下午寫5000字，其中一個下午做其他事，這樣一週我能利用的時間有4個下午完成2節課。為了趕進度，週六和週日加班，這兩天沒有其他雜事，每天寫1節課，一週正好可以完成4節課。

這樣一規劃就很清晰了，週一到週四下午每天寫5000字就好，週六、週日加班。我還是做了一個表格，這樣看得更清晰（以四月為例）。

如果你的時間跟我一樣規律，可以不用表格簡單規劃就好；如果你的時間不規律，每天可以利用的時間段不一樣，為了避免錯亂，建議列出詳細的日程清單。如果條件

4月						
一	二	三	四	五	六	日
				1	2 第1節課	3 第2節課
4 第3節課	5 第3節課	6 第4節課	7 第4節課	8	9 第5節課	10 第6節課
11 第7節課	12 第7節課	13 第8節課	14 第8節課	15	16 第9節課	17 第10節課
18 第11節課	19 第11節課	20 第12節課	21 第12節課	22	23 第13節課	24 第14節課
25 第15節課	26 第15節課	27 第16節課	28 第16節課	29	30	

允許，儘量讓時間規律一點，這樣會形成條件反射，到那個時間就想著去做這件事，更不容易拖延，人也會相對輕鬆。

每件事情都會有很多步驟，每個步驟都可以按上面的方法去做，列一個初步清單，把完成時間、負責人等確定好後，再列一個日程清單，把每天要具體做什麼規劃好。這樣一來，每天按照規劃執行就好，再也不會像無頭蒼蠅一樣，心裡乾著急卻不知道如何行動。

2 讓計畫更合理

有些人會列詳細的計畫，一開始做得很好，但一段時間後就失控了，發現自己根本做不完，這時候容易破罐破摔（編注：比喻明知有缺點、錯誤，卻不加改正，朝更壞的方向發展）——反正做不完了，乾脆逃避拖延一下好了，結果這一拖，就是無限期。所以在制定計畫時，我們要注意以下幾個問題。

01、評估完成時間。許多人一想到要做一件事，心情就特別急迫，恨不得馬上做好，所以完成時間訂得特別緊，例如想學會寫作、想漲10000名粉絲，時間限定為一週。不要說一週，就是一個月都很困難的。這樣訂定完成時間，除了讓自己充滿焦慮和挫敗感，基本上沒什麼其他作用。

如何評估一件事情什麼時候能完成呢？首先，看看自己每天可以付出多少時間。例如學寫作，每天花5個小時和花1個小時，效果肯定不一樣。其次，看看自己的效率。如果是做過的事情，可以根據以前的經驗來評估；如果是沒有做過的事情，可以大概估算一下時間再適度放寬一點。你還可以想一想，中間會不會遇到一些困難？這些困難也需要花時間來解決，如果困難多，那麼可以把時間再拉長一點。

02、時間別填太滿。除非你執行力很強，否則儘量不要把所有時間都填滿，一定要注意勞逸結合，不然會因為太累而得不償失。

前面舉例的製作課程，其實當時時間很緊，為了趕進度，我還利用週末的時間，但是，那個月裡我還是留一天休息，每週的工作日也留一個下午。這個下午可以處理一些積壓、必須完成的工作或者是一些臨時事件。如果你把時間填得太滿，中間有一點變故，事情就沒有辦法按時完成，這會非常影響心情，讓你覺得沮喪，覺得一切都變得不可控。

03、一段時間只做一個步驟。不要想著一下子把所有步驟都做完，儘量一段時間只做一個步驟。比如說，想製作一個課程，先好好寫課程目錄，課程目錄沒問題了再寫課程大綱，課程大綱沒問題了再寫逐字稿。每個階段你只做一件不太複雜的事，難度會大大降低，更容易行動起來。人們之所以越做越焦慮，就是因為做這一步想那一步，恨不得所有步驟一次性完成，結果就把自己逼崩潰了。不要太著急，按照步驟一步步來，反而是最快的方式。

注意到以上這些層面，你制定的將會是一個合理的、適合你的計畫，進行到這裡，基本上可以改變五成的拖延習慣了。

04 結果越可控，越不容易拖延

許多人即使有了計畫也不願意行動，還有一個很重要的原因是，擔心結果不好。一想到辛辛苦苦做那麼久，沒什麼好結果，就沒有動力了。擔心結果是每個人都會有的，因為人們天生追求安全感，會對有可能的損失充滿警惕。我們要做的是想辦法讓結果變得可控，如果結果在可控的範圍內，且不會因為做不好而拖累自己的工作和生活，結果即使不好，也沒有那麼可怕。

1 把結果具體化

越是未知的、模糊的，就越讓人恐懼。很多人擔心的結果，其實都是模糊的，因為做不好有許多種具體的後果，有些後果並沒有那麼嚇人。但因為你想得太模糊，一模糊就容易把後果放大，自己把自己嚇倒了。

為了不被模糊的結果嚇倒，我們要做的第一步，就是拿出紙和筆，把可能出現的各種後果都寫出來（如下表），然後思考哪些結果是自己能接受的，哪些是不能接受的。如果結果都能接受還有什麼可怕的呢？如果不能接受，要想一想有沒有解決方法。如果沒有好的解決方法，那就權衡以後再做選擇。

事件	好結果	壞結果	損失	能否接受
寫作	每月穩定賺錢	不能賺錢	浪費了時間和金錢	能
看書	學到知識並賺錢	完全沒用上	浪費了時間和書錢	能
跳槽	拿到更高的薪資	對新工作不滿意	半年薪資	不能

其實我們主要看壞結果，因為讓我們害怕的往往都是壞結果。例如跳槽，如果一切順利拿到更高的薪資，有更好的發展。但也可能我們對新工作並不滿意，不但發展機會少，說好的高薪資也沒有兌現，需要重新再去找工作。如果出現這種情況，那麼至少要損失半年的薪資。像這樣的結果和損失是不是很具體？那就想一想，自己能接受嗎？能接受就立即去做，不能接受就放棄。

如果還是很糾結，不知道該繼續還是該放棄，那就權衡一下，看自己是不是足夠想要那個好的結果，是否願意為了好的結果，承受可能失敗的後果。

一定要記住，人生從來沒有百分之百確定的事，也沒有任何一件事不需要承擔一點點風險。如果你只想要好處，壞處一點點都不想要，那麼註定會猶豫和糾結，也會拖延、拖延再拖延。從目標到計畫再到結果，每一步都要儘量的具體、具體再具體，這是避免拖延、減少內耗的好方法，會讓你忘掉那些感性的煩惱，變得更加理性。

2 設定投入額度

把結果具體化以後你會發現，有些事情的損失其實不那麼確定。例如創業，損失10萬元你可能願意接受，但損失100萬元，你就沒有辦法接受了。這個時候我們可以透過設定投入額度的方式，減少風險。

首先，可以少量投入，小範圍試錯。

拿創業來說，不要一開始就找大辦公室，大量招募，可以減少專案項目，投入成本儘量少一點。我當初創業就是在自己家裡，剛開始全都自己來做，這樣幾乎不用成本，後來需要人手，就先請兩名兼職人員，也不用提供工作場地，大家都是線上溝通，成本依然很可控。再後來，兩名兼職人員不夠，又多招募幾名，慢慢發現兼職人員有局限性，需要一些全職人員，我才租用辦公室開始招募全職人員。剛開始的辦公室是租用一間公寓，一個月租金才2000多元。全職人員也只有兩個人，隨著工作內容的增加，才慢慢增加人手的。

我並不是一個很喜歡冒險創業的人，但事情推著我一步步往前走，這樣反而可控。就算失敗了，損失都在可控範圍內。在創業的過程中，我看過許多人大量投入，確實也賺得多。但是，我覺得自己承擔不了太多的損失，所以一直穩紮穩打，少量投入，寧願少賺一點錢，也要讓結果在掌握範圍內。如果你和我一樣，接受不了損失太大，那就少量投入，做成了再慢慢擴大。雖然這樣會慢一點，但對你來說是安心的，是敢放手一搏的，不內耗，反而更容易有一個好結果。

其次，可以設一個停損額度。

例如，你想學習寫作，但是害怕萬一失敗的話，時間和金錢都浪費掉了。那你想一想，自己最多能接受損失多少時間和金錢？在這個範圍內盡情去做，超過了還沒有成功，那就停損，不做了。這個額度，一定要在自己能力範圍內再加大一點，否則額度太小會早早放棄，而許多事情是需要堅持到一定程度才有好結果的。

如果你只能給自己一個月的時間、1000元的額度，你可能會失敗，因為額度太少了，不經花。我自己當初全職寫作時，給自己一年時間，如果一年內毫無起色，不能靠寫作賺到錢，那我從此不再想全職寫作這件事，安安心心工作。至於錢的額度，因為寫作本身也花不了多少錢，所以沒設額度，在能力範圍內，該買書就買書，該買軟體就買軟體。寫到第四個月的時候，我有點動搖了，覺得自己好失敗，都沒有成就，是不是該去上班了？但想到自己早已設好了停損時間，那就再堅持一下，至少把一年堅持完再說。結果在第八個月時發表了100篇文章，此後就停不下來了，每個月都可以發表100篇以上的文章、一年1400篇。

所以，時間和金錢的額度都儘量設得高一點，有這個額度在，我們不會過早地放棄，也不會無止境地耗下去，讓結果就變得更可控了。結果如此可控，我們還有什麼好怕的呢？

05 執行越到位，越不容易拖延

有了具體的目標和計畫，結果也想好了，但你可能還是會拖延，無非是以下這些原因：

- 一想到事情那麼複雜，就想晚點再做吧，能拖一會是一會。
- 覺得沒有準備好，想等準備好了再做。
- 總覺得沒有辦法靜下心來，因此對做好一件事沒有信心，想等心靜了再做。

・不做也沒人催，就會想偷懶。

以上這些原因，都會讓你在行動上拖延，哪怕一切都規劃得很好也無濟於事。所以，光有目標和計畫還不夠，你還需要積極行動起來。但是，你就是缺乏行動力，怎麼辦呢？我們需要一些技巧，讓行動變得不那麼困難。

1 利用「勞動興奮」心理戰術

你是否有過這樣的經驗：明明不想看書，但看了幾頁之後，反而越看越感興趣，根本不願放下；明明不想給別人打電話，心裡很排斥，但真正打通了，反而一聊就停不下來；明明不想逛街，但一逛就停不下來……

這種行為在心理學上叫「勞動興奮」（由心理學家艾米・克雷普林（Emil Kraepelin）提出）。一個人不管行動前多麼不樂意，一旦開始行動，大腦就會越來越興奮，注意力越來越集中，也因此會漸入佳境，想一鼓作氣把事情做完。所以，當你拖延的時候，最重要的是趕緊行動起來，別任由自己的懶惰占上風，哪怕只是做一點細微的工作，整件事的完成都變得指日可待。

想要儘快行動起來，我們可以試試以下四種方法。

01、行動起來。就字面上的意思，不要再躺在沙發上了，起來走幾圈或者出門跑一跑。人在運動時，大腦會分泌腦內啡，這會讓人覺得精力充沛，心態也更加積極。

我們之所以不願意行動，就是內心有太多消極的想法，但只要行動起來後，你會發現精氣神有了、就不願意躺在那了。這個時候，去做那件需要做的事，你就不會那麼痛苦了。

02、從最簡單、最喜歡的步驟做起。如果一件事情步驟很多，你又遲遲不想行動，那就從最簡單、最喜歡的那一個步驟做起。簡單的、喜歡的，人更容易行動起來，而且，已經開始一部分，就有沉沒成本，如果不做完就太虧了，在這種心理作用下，人更有動力把剩下的部分做完。

以投稿賺錢的例子來說，一共有五個步驟。

第一步，學會寫文章。

第二步，收集投稿資源。

第三步，研究平台調性。

第四步，按要求寫文章。

第五步，把文章發到編輯的電子信箱。

除了第四步和第五步不能先做，第一步到第三步都是可以打亂順序的，如果你覺得學寫作有點難，不太想動，可以先收集投稿資源，這個很簡單，幾乎不用動腦子，還能知道各個平台的稿費有多高，用稿費刺激一下，後面就更有動力了。

03、不需要等到萬事俱備。許多人總是會想：等我準備好了再開始行動，這樣就萬無一失。可是你會發現，有些事情永遠都準備不好。經常有人問我：小小老師，我想學習寫作，但是我覺得自己書看得太少了，要不要先好好看書，把閱讀量累積起來再開始寫？我會問：你覺得多少閱讀量才夠？每個人的答案都不一樣，有人覺得要讀100本，有人覺得要讀200本，有人則完全不知道多少算夠。

做其他事情也一樣，你說準備好了再行動，可是什麼才叫準備好了呢？並沒有標準的答案。《論語》裡講，季文子凡事都要三思而後行，孔子聽說後道「再，斯可矣」，意思是說，思考兩次就差不多了，總是三思，就會遲遲不行動，錯失很多機會。孔子是一個謹慎的人，他也不提倡思考太多，因為思考得越多、準備得越多，就越無法行動，而不行動，所有的思考和準備都毫無意義。

最好的學習是一邊用一邊學，看上去很倉促，但效果反而最好。做任何事情都一樣，你不開始做，永遠不知道會遇到什麼問題，所做的準備可能都是無用的。反而一邊做事，一邊解決遇到的問題，是最快速、最有效的方式，人生很多時候都需要倉促上陣。

04、別找藉口，現在馬上去做！當你想給某個人打電話卻害怕被拒絕時，在心裡跟自己說：「別找藉口，現在馬上去做！」當你想看1本書，卻想著明天再看也一樣時，在心裡跟自己說：「別找藉口，現在馬上去做！」對，就是在心裡給自己打氣，硬著頭皮去做，豁出去了。不要給自己找任何藉口，不要給自己任何猶豫、糾結的機會。

「別找藉口，現在馬上去做！」這句話真的很有效，下次當你不想行動時，可以試一試。

2 降低門檻

因為我們公司有許多同事都想學習寫作，我給他們訂一個目標，讓他們每週寫一篇文章，發表就有稿費。他們一開始會很積極地跟我探討選題，但是一個月過去了，交稿的人寥寥無幾。原因無非就是覺得難度太大了。即使我幫他們梳理了大綱，他們依然覺得寫不好，所以不願意行動。

後來我降低難度，跟他們說，先不考慮閱讀量好不好，也不考慮選題是否受歡迎，先吐槽老闆吧，把吐槽寫出來就行。這樣大家一下子就有話說了，吐槽老闆多簡單啊，隨隨便便都能寫2000字。結果不到一週，好幾個人都交稿了，還寫得不錯。我們之所以不行動，不是因為做不好，而是以為自己做不好，再加上畏難情緒，就更不想動了。

我直播時有學員說，自己總是焦慮，靜不下心來，心裡很想寫文章，但就是行動不起來。我給的建議是：降低門檻。先不想寫文章的事，只挑一個時間，讓自己安安靜靜地坐一個小時。什麼事都可以不做，只是坐一個小時，這是不是超級簡單？每天都坐一個小時，連續坐一週，你會發現：安安靜靜地坐下來並不是一件多麼痛苦的事情，自己完全可以做到。這個時候再增加一點點難度：坐下來後，試著打開電腦，隨便寫點什麼，寫不完也沒關係，哪怕寫一句話也是好的。最後我們再增加一點難度：試著寫一篇文章，哪怕只寫標題和開頭都行，不一定要寫完。一般到了這一步，你很有可能會把文章寫完。因為「勞動興奮」了呀！不寫完就覺得難受，整個人進入了寫作狀態，也不會焦慮了，心自然靜下來了。

這就是「降低門檻」，一件事情只先做跟它相關的最簡單的事，把難度降到最低，然後再一點點增加難度，最後你會發現，不知不覺間，那件艱難的事情已經完成了。

心理學上有個登門檻效應（Foot in the door effect），指一個人一旦接受他人微不足道的要求，就有可能接受更多的要求。美國心理學家曾經做過一個實驗，派人訪問了一組家庭主婦，要求把一個小招牌掛在她們家的窗戶上，因為招牌很小，並不影響美觀，所以主婦們都答應了。過了一段時間，實驗人員又提出新的要求，想把一個又大又醜的招牌放在庭院裡，居然有超過一半的人同意了。而與此同時，實驗人員訪問另一組沒有掛過小招牌的家庭主婦們，直接要求又大又醜的招牌放在庭院裡，結果只有不到20％的人同意。

這就是登門檻效應，在我們的生活裡，這種現象比比皆是。我們就利用這個心理，給自己先提一個簡單的要求，然後慢慢增加難度，這樣循序漸進地，你就能在心裡接受那件艱難的事情。

當然，我們一定要知道，降低門檻不是澈底降低要求，隨便敷衍了事，而是讓自己先行動起來，保證能把事情做完，做完以後，還是要認真檢查，提高品質。因為完成了以後，你心裡就沒有壓力，也更願意花時間去修正。對於有拖延習慣的人來說，做一件事情所需花費的時間並不重要，重要的是，能否愉快地去行動。因為只有行動，你才能得到自己想要的。

3 消除障礙

多年前，智慧型手機還沒有非常普及，大多數的人都使用電腦來工作。如果編輯請我改稿，我會拖；想上網找素材時，我也會拖。因為我覺得需要打開電腦，太麻煩了。對，你沒有看錯，就是打開電腦這個小小的動作，讓我覺得好麻煩，所以有些事情能拖就拖。

不要小看打開電腦這個動作，你需要走到電腦前，按開機鍵，輸入開機密碼，如果電腦速度慢，開機要好幾分鐘，剛開機時反應也慢，打開一個網頁要等好久。這樣一耽誤，10分鐘都進入不了工作狀態。

後來我買了智慧型手機，隨時可以用手機工作，連解鎖密碼都不用設定，因為手機一直都在使用狀態，這時，許多工作做起來更方便，我就不會拖了。

許多事情其實都有障礙，只不過容易被我們忽略，但這些不起眼的障礙，往往成為養成拖延習慣的「幫兇」，只不過大家遇到的障礙各不相同。

- 想列每日清單，但一想到要打開某個軟體，還要學習軟體的用法，就不想行動了。
- 想收集寫作素材，但一想到素材根本沒帶在身邊，或者需要打開電腦才能記錄，就不想做了。
- 看別人發文都用電腦排版，但自己用慣了手機和 iPad，根本不會用電腦，想到要買電腦就覺得頭大，不想行動了。
- 自己只會用注音輸入法打字，看別人用嘸蝦米輸入法打字很快，是不是注音輸入法打字不行啊？要不要學學嘸蝦米輸入法？想到這些就好煩啊，只想刷短影音逃避。

以上這些都是我們行動的障礙，雖然看上去微不足道，但它們能在心理上消滅我們的行動欲。我們如果想要消除障礙，請記住以下幾點。

01、怎麼簡單、方便，就怎麼做。例如列清單，我都是直接記在手機備忘錄裡或者寫在本子上，從來不用各種複雜的軟體，記錄素材也是在手機備忘錄上。總之就是一個宗旨「怎麼簡單、方便，就怎麼做」別人怎麼樣我不管，只管自己做順手了就行。

每個人對簡單、方便的理解不同，哪怕別人覺得你的方法很複雜、不能忍受，但你覺得簡單、方便，那就行了。

02、不用改變原有的習慣。每個人都有根深蒂固的習慣，比如有人打字時一直用注音輸入法、有人做記錄時一直用手機和 iPad、有人習慣做事之前來一場儀式、有人從來不需要儀式。只要最終能做事都是可以的，不用改變，因為新習慣會讓人不舒服，會變成一種新的障礙，會讓你不想行動。

03、讓工具處於順手狀態。我之前不想打開電腦改稿子，是因為電腦開機慢，我又是個急性子，完全受不了這種速度。後來換了電腦，開機只需幾秒鐘，我就不那麼排斥打開電腦了。手機一旦卡頓，我就會心煩意亂，節奏也會被打亂，甚至有些事情不願意做了。所以我的手機一旦開始卡頓，我就立即換新的，也不需要多貴，但速度一定要快。總之，讓你常用的工具順手一點，也能減少障礙，促使你及時行動。

做任何事情，當發現自己不想行動時，可以想一想，是什麼阻礙自己的行動，然後想辦法把障礙消除。

4 內外動機激勵法

通常，我不喜歡在下午工作，午睡遲遲不願意起來，即使坐到辦公桌，也總是在流覽各種新聞，看一些無關緊要的資訊，毫無行動力可言。但是，一旦我決定做一件事情，有詳細的計畫，那種拖延的狀態就會不復存在。我可以做到按時起床，每天下午精神飽滿地投入工作，連週六都會加班工作，絕不拖延1分鐘。為什麼變化這麼大呢？主要是因為我做了兩件事。

第一件事，利用外部動機。

比如說端午節我想回老家，而在此之前，我希望把一套課程的短影音錄好。因為我普通話本來就說不好，回老家再說幾天家鄉話，重新錄製課程時，發音會更不標準。而且，我希望回家好好放鬆一下，如果工作沒有做完，肯定是沒辦法放鬆的；如果放鬆了，再進入工作狀態就會比較難，很浪費時間。「想要回老家」和「普通話說不好」這都是外在動機，再加上我已經跟家人說我會回去，這樣一來我就沒有退路了。

寫這本書的時候，我也運用外部動機。因為我後面還有許多工作計畫，如果寫書拖太久，這些計畫就只能延期了。我當然不希望計畫延期，所以也逼了自己一把：我先是跟出版社承諾一個較早的交稿時間，然後跟公司的同事說明接下來的工作計畫。這樣等於有雙重監督，為了不失信於人，我必須在承諾的時間內把書寫完。每當想偷懶的時候，想想這些外部動機，實在沒辦法偷懶啊！

第二件事，利用內部動機。

僅有外部動機還不夠，有時候會偷懶，覺得做不完就算了吧，無所謂。所以還需要內部動機，每當不想行動的時候，我都會跟自己說：「我一定要把這件事情做完！」這麼想的時候，真的會覺得內心更有力量。一個人發自內心地想要做成一件事，一定能夠做成，也不會拖延，甚至覺得連精力都變充沛了。

不管遇到多大的困難，永遠不要說：「算了吧，我做不了。」而是多跟自己說：「一定有解決方法的，我可以做到。」任何時候，積極都比消極更有收穫。只要你心裡打定主意不放棄，沒有什麼事是完成不了的。人最終要戰勝的就是自己，始終相信自己，「你可以的」。

第 5 章

為什麼你總是 3 分鐘熱度

上善若水。水善利萬物而不爭，處眾人之所惡，故幾於道。

——《道德經》

《道德經》裡的這句話，後來被解讀成：流水不爭先，爭的是滔滔不絕。我非常認同這句話，全職寫作的這些年，更是親眼見證「滔滔不絕」的威力。網際網路創造了許多神話，所以大家經常調侃：「站在風口上，豬都能飛起來」。可是，你知道那些創造神話的人背後的故事嗎？

大多數抓住公眾號紅利的人，都是從事寫作多年的人，從紙本媒體時代就已經在寫了，還有一些人原本就很有名氣了，所以他們轉戰公眾號也能持續更新，並且有能力寫出爆款文章。特別是有一些人很早接觸網際網路，對網際網路玩法熟悉，在紅利期敢大膽投入，很快就把其他人甩在身後了，以極短的時間躋身「頭部作者」（編注：中國網路用語，意指微博專業領域作者，其每月平均閱讀量達10萬以上，在微博收入超過2億人民幣）。

那時我全職寫作剛滿兩年，但接觸網際網路的時間不長，缺乏敏感度，也不知道要怎麼增加粉絲，也不懂增加粉絲有什麼用。所以，即使連續出了多篇爆款文章，我也沒想到快速把帳號做起來的方法。結果就錯過了增加粉絲的黃金時間，現在只做成一個中部帳號。但同時我是幸運的，因為寫作水準鍛煉得不錯，連續出了爆款文章，雖然經營能力差一些，還是把帳號做起來了。

有許多人看到其他人把公眾號做起來還賺到錢，才想起來要去做一個帳號。但因為之前沒有寫作習慣，更新對他們來說非常困難，經常更新一段時間就不了了之了，帳號自然也遲遲做不起來。

這就是在一個領域是否深耕的區別。對一件事情堅持得越久，相關能力就越強，對它了解得就越多，當風口到來時，才能借著這陣風飛起來。堅持時間較短的人，當然也能飛，但飛得沒那麼高、那麼快。沒有堅持過的人，就算是站在風口上也飛不起來。

我自己全職寫作十二年，靠寫作實現人生的逆襲，從一個鄉下女孩成長為公司創始人。經常有人問我成功的祕訣是什麼，我覺得最重要的就是堅持，除了堅持，我想不出來還有什麼比它更重要了。

作家麥爾坎・葛拉威爾（Malcolm Gladwell）在《異數：超凡與平凡的界線在哪裡？》（Outliers: The Story of Success）一書中曾提出「10000個小時定律」：人們眼中的天才之所以卓越非凡，並非天資超人一等，而是付出了持續不斷的努力。10000小時的錘煉是任何人從平凡變成「世界級大師」的必要條件。對於大多數事情，只要你肯付出10000個小時的努力，結果都不會太差。成功的道路有很多，但我覺得「堅持」是其中最確定、最可控的一條。靠資源，資源今天有也可能明天沒有；靠運氣，運氣不會常伴你左右。但堅持不一樣，不管你是天賦異稟還是資質平平，只要你願意，就可以堅持，堅持到一定程度，一定會讓你成為某個領域的佼佼者，獲得比一般人更高的收益。

大家都知道堅持很重要，但真正能堅持的人並不多，為什麼明明那麼想要做一件事，卻只有3分鐘熱度呢？其實，無非是以下五種原因。

01、不感興趣了。剛接觸一件事情時，大腦是最興奮的，因為新鮮，了解它的欲望特別強烈，也願意為它花大量的時間和精力。但時間一長，新鮮感過去了，大腦就沒有那麼興奮，這個時候，人很容易去找其他有新鮮感的事情做。

02、厭倦了。不管做什麼，我們都會經歷厭倦期。一般來說，我們對一件事情熟悉後、可以輕鬆駕馭時，最容易厭倦。可能是沒有新鮮感了，可能是沒有看到合理的回報，可能是短時間內無法突破，所以忽然就覺得這件事情不值得了，好像做不做都一樣，甚至開始懷疑做這件事情到底有沒有意義。

很多人在寫作時都會進入一個瓶頸期，開始鑽牛角尖，覺得自己是寫作機器，寫出來的文字平淡無奇，不能成為名著。既然如此，為什麼還要寫呢？於是他們就真的不寫了。

03、壓力太大。這個主要跟預期太高、計畫安排得太滿有關係。本來自己的能力就達不到，還非要一個特別好的結果，並且把時間安排得滿滿的。例如對於一個寫作新人來說，能寫出幾篇文章已經很好了，可你非要讓自己寫出百萬閱讀量的爆款文章，達不到就懲罰自己，甚至在時間不多的情況下，逼迫自己每天都寫。有學員跟我說，為了參加一個挑戰，她日更帳號，寫文章寫到吐，之後就再也不想寫了。這就屬於非常典型的壓力太大、身體太累，把意志力耗完了。

04、遇到挫折。做任何事情，其實都很難一帆風順，中間總會遇到挫折，但有些人對自己要求太高，承受壓力的能力也比較差，遇到挫折以後，會各種懷疑，覺得自己不適合，看不到希望。這麼一想，這些人就不願意再繼續堅持了。例如有些人在發文時遇到幾個負評就不想更新了、投稿被拒就萬念俱灰了、別人抄襲自己的文章就覺得沒意思了……這都屬於遇到挫折。有些人遇到挫折就會早早放棄，不願再堅持了。

05、放縱自己。現在許多人喊著要「躺平」（編注：中國習慣用語，意指在面對社會壓力下選擇逃避，回到慢節奏、低慾望的生活方式），例如，有人覺得怎麼努力都改變不了現狀，不如直接「躺平」；有人覺得自己以前已經那麼努力了，獎勵一下自己，乾脆「躺平」；有人覺得反正自己能力一般，不「躺平」也幹不出什麼成就來，乾脆「躺平」……

這都是對自己的放縱。你都沒有努力，怎麼知道無法改變現狀，怎麼知道做不出成就？況且，我們就算改變不了世界，無法跟偉人相比，但讓現在的自己比以前的自己好一點，總是可以做到的吧？

總之，一個人不想堅持，總能找到無數個理由。接下來，我將根據3分鐘熱度產生的原因，以及自己堅持寫作十二年的經驗，分享讓自己做到長期堅持的方法。流水不爭先，爭的是滔滔不絕，只有堅持自律，才能更輕鬆、更快速地看到成果。

01 內在驅動力越強，越容易堅持

不寫作業，母慈子孝；一寫作業，雞飛狗跳。陪伴過孩子寫作業的家長都知道這有多崩潰，孩子寫作業為什麼那麼難？因為大多數孩子都沒有「內在驅動力」，把作業當成為老師完成的、為家長完成的，所以家長催一下就動一下，不催就不動。但成年人又何嘗不是呢？你想做的事情，不需要別人監督，能全心全意地去做，既專注又努力。而你不想做的事情，不管別人怎麼說，都不願意去做。

所謂內在驅動力，就是內心有強烈的動力驅使著你行動。一個人的內在驅動力足夠強，就能戰勝厭倦，能面對自律過程中遇到的挫折，更不會輕易地放縱自己。所以，想要堅持自律，我們要做的第一步就是激發內在驅動力，讓內在驅動力足夠強。

1 好處越多，內在驅動力越強

- 在烈日下曝曬1個小時，可以得到100元，你願意做嗎？
- 在烈日下曝曬1個小時，可以得到100萬元，你願意做嗎？

誘惑太小，內在驅動力就小，當誘惑越大，人強烈地想要得到的欲望就會變大。比如說，薪酬為2、3000元時，很多人會覺得，不做就不做吧，反正沒什麼大不了的。但薪酬為2、3萬元時，人必定就會珍惜這份工作，不願輕易辭職。

做其他事情也是一樣的，假如現在告訴你學畫畫一個月可以賺3000元，如果你不是特別熱愛也沒那麼想學，就算熱愛，薪酬這麼少，也會覺得愛得不那麼深了。但是，如果告訴你學好一個月可以賺30萬元，還可以到世界各地參展，你是不是就變得非常想學？哪怕不愛也想學。

我自己在全職寫作之前，業餘寫作很多年，一直沒有變現。每次覺得人生無望，不想再堅持的時候，我都會幻想：當作家多好呀，可以不用去上班，每天推開窗子，在鳥語花香裡寫作，還可以穿得美美的，特立獨行一點也沒關係，反正又不用處理複雜的人際關係。這種生活太美好了，做夢都能笑醒，所以我常常做這樣的白日夢。生活越不如意，我越渴望這種美好的生活，越渴望，我想靠寫作為生的欲望就越強烈。

所以在沒有任何收益的情況下，我依然可以每天獨自坐在房間裡寫作、利用午睡時間寫作、放棄遊玩、逛街來寫作。不用任何人監督，我自己就有非常強大的內在驅動力。現在，換你想一想，你做的那些事情，能為你帶來什麼樣的好處，並列出表格，把這些好處寫下來。

有許多事情我一堅持就是很多年，因為我不但看到了它的好處，還會想辦法把它的好處無限放大。例如我創建寫作成長營，每天在裡面免費分享資源，不但因此讓別人更信任我，也讓我的影響力變得更大，我也把分享的內容拍成短影音，分發在各個短影音平台上，吸引更多的粉絲。做一件事情有這麼多好處可以反覆利用，當然會更有動力堅持下去。

2 讓結果視覺化

有些公司會在辦公室放一個白板，不僅用來寫計

事件	好處 1	好處 2	好處 3
寫作	賺錢	打造個人品牌	時間和工作自由
看書	變得博學、睿智	工作和生活中可用	有書卷氣
跳舞	身材更好	減肥	更健康

畫，也會寫每一個專案的進度，讓大家看看現在的進度、績效，這就是讓結果視覺化。

我在健身一段時間後，不知道自己這麼堅持有沒有用，也不知道健身方式對不對，於是我計畫隔兩個月拍一次照片，做一個對照圖。健身第十天時我拍一張照片，兩個月時再拍一張照片，然後做了一張對比圖。不得不說，從對照圖上可以看到腰部和腹部變緊緻了。如果沒做這張對比圖，我自己也看不出身材的變化，這也讓我對健身這件事更有動力了。

有些事情雖然沒有辦法拍照片，但我們可以透過做思維導圖或表格的形式，讓結果視覺化。例如寫作，你可以每隔幾個月，把之前的文章拿出來做個對比，一對

月分	寫作數量	發表數量	寫作速度	難易程度（10 級最難）
1 月	1 篇	0 篇	3 個小時寫 1 篇	10
2 月	3 篇	1 篇	2.5 個小時寫 1 篇	8
3 月	5 篇	3 篇	2 個小時寫 1 篇	6

比就會發現自己的進步，也可以利用右頁的表格，從各個維度去量化結果。

透過結果視覺化就會發現，這三個月以來，不管是從寫作速度還是從發表數量來看，自己都有顯著的提升。學會用資料說話，所得出的結論才是理性的，學會用資料來分析，才不會被莫名其妙的沮喪情緒打敗。

不管是寫作還是運營帳號，我每個月都會做個表格，讓自己和公司的同事都能看到當月的績效，而不是糊里糊塗地做，糊里糊塗地評估。就拿寫作來說，每個月寫了哪些文章、標題是什麼、字數有多少、發表在哪個帳號上，我都會做記錄。這樣不但知道每個月的績效，每一年的績效也一清二楚，而且要查找某篇文章時也比較方便。

下一頁給大家看一下我的記錄表格，其實非常簡易。

我們團隊經營的帳號，每個月也會統計相應的資料，例如發布多少內容、閱讀量是多少、增加粉絲多少名、爆款文章有多少篇……這樣誰做得好、誰做得不好，一目了然。

類型	時間	作者	字數（字）
	2022 年 8 月		
影視	曹貴人為什麼不把聰明用在皇上身上，卻要討好華妃	湯小小	2,200
	蘇公公到底有多會說話	湯小小	2,700
	透過宮女的一句話，甄嬛就判斷她們的為人	湯小小	2,800
	現代職場隨時能跳槽，不像後宮要待一輩子，《甄嬛傳》有什麼可學的	湯小小	1,900
	這些人說話那麼難聽，甄嬛為什麼不生氣	湯小小	2,800
	甄嬛送禮原則	湯小小	2,400
	甄嬛治好了我的討好型人格	湯小小	2,200
	《星漢燦爛》：少商為什麼要退婚，又為什麼原諒淩不疑	湯小小	2,600
讀者答疑	觀點方法：老公帶娃時玩手機，讓孩子吃糞便，要不要離婚？	湯小小	1,900
	男朋友給了 15 萬彩禮，卻因為 3,000 塊錢，讓我把孩子打掉	湯小小	2,700
日常	答疑：婆婆一言不合就生氣砸東西，還總是一哭二鬧三上吊，怎麼辦？	湯小小	3,200
	自學中醫四個月，到底有什麼收穫	湯小小	2,000
	自學中醫四個月，我的一些改變	湯小小	2,200
	分享對我影響最大的十句話，太療癒了	湯小小	2,000
	婆婆的算帳方法太讓人震驚了	湯小小	1,900
廣告	洗髮水廣告	湯小小	2,800
	隱適美廣告	湯小小	3,000
其他作者	《新白娘子傳奇》：明知道許仕林只愛胡媚娘，碧蓮為什麼還要嫁給他	妮妮	2,100

如果看到自己經營的帳號飛速進步，大家也有信心，下個月也會更有動力。

除了表格，還可以透過寫日記、寫文章的方式，讓自己看到成果。如此一來，就知道自己並非一無所獲，內心當然會更認同，有更強烈的欲望想要繼續做下去，堅持也就不是那麼困難的事情了。

02 興趣越濃厚，越容易堅持

摩西奶奶（編注：美國著名的女畫家）曾經說：「你最願意做的那件事，才是你真正的天賦所在」。去做你感興趣的事情，本身就是一種內在驅動力，不需要別人監督，也不需要有太多好處和誘惑，憑著這份熱愛，你會覺得每天都過得很開心、充滿鬥志。

1 保護你的興趣

經常有人說，如果把愛好當職業，就會毀掉愛好，因為愛好成為職業後，你可能就要經常為它加班，無止境地做下去，想停都停不下來，所以很快就會把熱情耗掉了。

寫作是我的愛好，在決定全職寫作前也曾擔心過，而事實上，在剛開始全職寫作時，我確實產生過厭倦情緒。因為那時的我覺得已經不用上班了，所有的時間都可以用來寫作，一定要爭分奪秒，儘量多寫。決定逼自己一把，讓自己每天至少寫2篇，我每天6點起床，因為既有強大的內在驅動力，又有濃厚的興趣，只要一想到起床後可以寫作，馬上就精神百倍，一蹦而起，在這種狀態下，大多數時候我都完成了任務。

但隨著時間的推移，我卻越來越不開心了，每天不是在找素材就是在構思，或是坐在電腦前打字，丈夫回到家，我和他的聊天話題也只有寫作。如果全職寫作的生活這麼枯燥、無聊、勞累，那麼全職寫作的意義在哪裡呢？我感受不到文字帶給我的快樂，只覺得自己是打字機器，自己給自己造了一個牢籠。

當時心想：果然如大家所說，當愛好成為職業，熱愛就會消失。但這不是我想要的，所以後來我開始嘗試改變，不把自己逼得那麼緊，一天寫一篇就好，其他的時間，要麼看看書，要麼看看窗外的風景，晚上也不逼著自己找素材了，而是出去逛夜市。這樣調整以後，我慢慢不再焦慮了，覺得自己打字的手都變得輕盈，對文字的熱愛又重新回來了。這個習慣我一直保持到現在，每天只讓自己寫一篇文章，哪怕有大把的時間，也絕不多寫。我發現這個習慣保護了我的興趣，雖然每天一篇的量確實不大，不過，反而會有意猶未盡的感覺。水滿則溢，很多事情就是這樣的，太用力很容易把熱情澆滅，保留一點力氣，第二天才能更輕盈地上路。如果想要保護自己的興趣，可以從下列兩方面入手。

01、控制工作量。不在乎一天做多少，而在乎「每天」做多少。想要長期自律，絕不可一天把100分力氣全用完，用60～80分力氣讓自己有意猶未盡的感覺，興趣就不容易消散。當然，也不是做得越少越好，做得太少，進步會比較慢，最好找到一個合適的量，相對輕鬆又可以讓你穩步前進。具體的方法，可以參考本書前面的內容，這裡不再贅述。

02、多做一些開心的事情。感興趣的事情，往往能給我們帶來快樂，帶來情緒上的滿足。我們可以把這種快樂跟開心的事情綁定，任務完成了，就去做讓你開心的事情。例如寫完一篇文章後，你可以出去散散步、拍拍美景，或者坐在窗邊喝杯茶、聽聽音樂。你還可以邊旅行邊寫作，既能看美景、吃美食，又能把所見所聞寫進文章裡，這些都會讓你對寫作產生正向的情緒。

2 增加新挑戰

我們對一件事情越了解或越熟悉，興趣就越容易降低，原因很簡單：沒有挑戰性了啊！想要讓自己始終保持濃厚的興趣，就要學會打破單調，不斷增加新的挑戰，讓這件事始終有挑戰性。

例如你一直在看歷史類的書，看了上百本後，慢慢就覺得沒有什麼新意了，對歷史的興趣也會逐漸減弱。這時候，你可以試著做一個歷史類的自媒體帳號，嘗試輸出，難度增加了，意義也不一樣了，但還在你的能力範圍內，也能重新激起你的興趣，因為做自媒體需要用到許多內容，即使是之前看過的書，你就會有興趣再看一遍。這樣不僅可以讓興趣持續，還能獲得更好的成果。具體可以從三個方向去增加挑戰。

01、增加趣味性。例如一個人寫作會覺得很單調，寫著寫著就厭倦了。你可以把身邊喜愛寫作的朋友拉進一個群裡，大家在一起互相吐槽、互相評論，還可以比賽看誰一個月寫得多，看誰速度提升得快，這樣就有趣味性。

除了借助別人的力量，一個人同樣可以增加趣味性，例如寫一篇文章就獎勵自己一個小禮物。我女兒在做作業時，會拿一點自己喜歡的零食放在桌上，做完1頁就吃一點。對此她玩得不亦樂乎，這也是增加趣味性的一種方式。

02、增加難度。既然一件事情已經熟悉到沒有挑戰性了，當然要增加難度，難度一增加，你短時間不能完全駕馭它，興趣就會被激發。例如你對自己的工作很熟悉了，那就挑戰更短時間內把事情做完、做得更好。

03、增加廣度。有些事情就算增加難度，可能沒有太多的益處，或難度有限，不可能無限增加，這時可以嘗試增加一下廣度，往外延伸一下。例如你是從事經營工作者，你可以把經營技巧總結成課程，這樣你的職業也更多元化了。

沒有人喜歡一成不變，那我們就順應人性，經常變一變。有一句話說，人生需要不斷磨練。其實對於想要做的事也是一樣的，多方位磨練，越磨練路就越寬。

03 正向對待厭倦期，更容易堅持

即使我們有很強的內在驅動力，也儘量保護自己的興趣，但隨著時間的推移，仍有可能進入厭倦期。厭倦期一般有兩個特徵：一是興趣降低，身心都有些厭倦了；二是久久不能進步，開始產生自我懷疑。通常這兩個特徵會同時出現，這將是自律路上最大的考驗。

厭倦期也叫瓶頸期。「瓶頸」是整個瓶子最細的部分，剛開始人在瓶底覺得空間很大，足夠自己左右挪移、肆意發揮。慢慢往上升來到瓶頸之後，發現這裡空間很小，無法施展拳腳，還會被卡得不太舒服。但衝出瓶頸以後，你會發現外面是一片廣闊的天地。

瓶頸期會讓你以為自己掙脫不了，其實堅持一下很快就掙脫了。在我全職寫作的十二年間，也不止一次經歷過瓶頸期，但我每次都用很短的時間度過了瓶頸期，幾乎沒怎麼被困擾。

1 不用非得找意義

在厭倦期，最典型的表現就是找意義。有位學員就曾被這個問題困擾過，她從開始寫作到現在已經有三年多的時間了，在第一個月就開始大量發文，幾乎

沒寫過廢稿。她用三年時間，讓自己成各個大平台的簽約作者，每天都有編輯跟在後面催稿，還有無數新編輯找到她想合作。

這樣的成就是令眾人羨慕的，自己說出來都讓人覺得有點「凡爾賽」（編注：中國用語，是指一個人想炫耀自己之前，先貶低自己，或假裝苦惱的口吻，想要別人誇獎自己），但她有一段時間情緒特別低落。某天給我留言說：「小小老師，我最近在想，寫作對於作者的意義是什麼？那些稿件就像曇花一樣，存在短短幾天，好像只是給平台增加了一點影響力，作者就像平台上的一枚棋子；現在我感覺變現已經沒有吸引力了，也沒有平台讓我突破了，我真不想寫作了。」

90多歲高齡的畫家黃永玉先生在接受採訪時說：「過日子，平平常常就好，有的有意思，有的沒意思，不要什麼都找意義。」他還說：「人活著的時候，好好工作，很可能作白工，沒有任何價值，但不要緊，不要把自己的意義看那麼大。」

電影《阿甘正傳》裡的阿甘從來不去想做一件事情到底有什麼意義，他只是本能地去做，結果這個他人眼中有點傻的人，卻做成許多人無法做成的事，成為勵志人物。少去找意義，只要確定這件事情對你的人生有益就好，至於是不是有意義、是不是棋子，都不重要，大家都是彼此的棋子。

如果你說：我知道不要想意義，可我就是忍不住去想，怎麼辦呢？沒關係，我們無法控制自己的想法，但可以控制自己的行為。即使覺得沒意義，依然可以帶著各種想法前行，哪怕游移不定，終究是在往前走。

2 不要被疲憊感騙了

開普敦大學研究鍛煉和運動科學的帝莫斯．諾克斯（Timothy Noakes）教授曾說：「疲憊不是一種身體反應而是一種感覺、一種情緒。許多時候，你不是真的疲憊，而是覺得自己疲憊。」

我對這一點深有感觸。有一段時間，我明明每天就是完成日常工作而已，但就是覺得特別累，對什麼都提不起興趣，甚至會想乾脆放下所有工作，澈底放鬆一下，等休息好了再回來。

但很明顯，我當時的工作量那麼小，身體根本不可能累，所以一定是哪裡出了問題。意識到這一點以後，我開始追根究底，最後發現造成自己累的原因，其實是負面情緒太多。那段時間我沒有新的目標，沒有成就感，既悠閒又看不到出路，所以心裡負面的想法比較多。釐清楚了以後，我開始調整自己的情緒，不斷地跟自己說：「其實你的工作很好，既自由又是自己喜歡的，每天工作3個小時就夠了，多輕鬆多愉快呀，這麼好的工作可不好找，一定要珍惜啊……」慢慢地，我心裡負面的想法消散了，人變得越來越正向，神奇的是，莫名其妙的疲憊感也消失了。

如果你也是這種情況，明明做的事情並不多，但就是覺得特別累，累到不想動，對什麼都提不起興趣，可以試試以下四個方法來做調整。

01、少看負面新聞。你可能會覺得無所謂，一條新聞而已又不會影響生活，但實際上，它會在無形中影響你的情緒，讓你變得驚慌和消極。除了新聞，身邊那些老是傳播負能量的人，也儘量離他們遠一點，和他們在一起時間久了，你也會變得消極。不要覺得自己心理強大，事實上，大多數人都會受到環境的影響，只不過有些影響肉眼可見，有些影響悄無聲息。

02、多想好的方面。當你覺得疲憊，不想做某件事情的時候，一定會忍不住覺得這件事情有許多缺點，越想越覺得累。其實同樣的東西、同樣的事情，對同一個人來說，當你看到它的優點，就是蜜糖，當你看到它的缺點，它就是砒霜。當遇到讓你覺得有壓力的事情時，試著想它好的一面，轉換心態，也許就會覺得不再沉重而變得輕盈無比了。

03、出去走一走。人覺得疲憊的時候，喜歡宅在家裡，不社交、不逛街，這樣更難擺脫疲憊感，要不怎麼會有個詞叫「審美疲勞」呢？不如走出去，吹一下清晨的風、看看繁華的街道、跟別人聊聊天、去認識新朋友，換個環境，人就會產生新鮮感，也會給自己注入新的活力，讓疲憊感跑得無影無蹤。

04、讓自己忙起來。我發現一個很有意思的現象，一個人越閒越頹廢，越忙精氣神越好。《小窗幽記》書裡說：「人生莫如閒，太閒反生惡業。」意思是說，一個人太閒了，容易有不好的事發生，因為一閒下來就容易想太多，很多事情都是人太閒惹出來的。

我發現，在做事時如果給自己充足的時間，告訴自己慢慢做，這件事情就會拖很久也做不好，因為根本不想動。反而若某段時間內事情很多且必須及時完成的話，整個人狀態會非常好。不虛度光陰，人反而既不會覺得太累，又能收穫更多。

3 找到激勵自己的方法

我在全職寫作的十二年間，曾有無數個瞬間覺得厭倦，好像一切都沒有意義，何必那麼努力，反正有許多人半途而廢，我為什麼一定要堅持？

每當覺得沮喪的時候，我就會去注意我熟悉的作者，看看他們近期的戰績，然後我就有鬥志了，因為好勝心和嫉妒心讓我不甘落於人後。人家那麼努力，有那麼好的成就，你怎麼好意思偷懶呢？萬一輸給別人，將心有不甘啊！良性嫉妒是一種推動我們前進的力量，它讓我們不甘落於人後，讓我們充滿了鬥志。

除了嫉妒心和好勝心，人還有強烈想要得到的欲望。當我對工作厭倦不想繼續努力的時候，我會去看房子，而且儘量看豪宅，雖然買不起，但它會激發我想要得到的欲望，就沒有辦法不努力、不自律了。我經常用這樣的方式加強堅定意志力，人有蓬勃的欲望和好勝心，只要用對地方，未嘗不是一件好事。特別是年輕人，沒有欲望和野心，豈不是要「躺平」了，哪還有動力自律？所以，我們可以利用外部的力量鼓勵自己，具體可以從以下三個方面入手。

01、多看同齡人的成就。要做到自律也是需要氛圍的。人性有一個特點，離自己遠的人過得好，我們覺得無所謂，可是身邊的人比自己過得好，就會羨慕。現在，我們正好利用這個特點，多看看身邊人的成就，同年齡的人或者生活水準差不多的人，他們的成就很容易激起你的鬥志，讓你想奮力追趕。一個好的圈子很重要，當你想要做某件事情的時候，就用別人的成就來激勵自己。

02、多看自己喜歡的東西。不用壓抑自己的需求，對什麼感興趣，可以多去看一看。比如對房子感興趣就多去看房子，對好的傢俱感興趣，沒事就逛逛傢俱店。

一個人如果對所有事情都無欲無求，會更傾向「躺平」，而不是鬥志滿滿地去實現目標。一個人之所以有蓬勃的生命力，正是因為他有喜歡的東西，並且有想得到的欲望。欲望就是一種內在的驅動力，可以增強自己的意志力，當然，也不要沉迷於這些事物上，否則會容易焦慮。

03、多看勵志的內容。多看一些正向的、勵志的內容，你整個人也會更積極。我有位學員以前老覺得自己沒有時間寫文章，後來看到別人早上4點多起床寫文章，她受到鼓舞，也決定4點起床寫文章。結果一個月寫了將近30篇，完美地解決沒時間的問題。

在成長期，多靠近正能量的人，多看勵志的內容，讓自己置身於一個正向的能量場，你會更容易自律。

04、對人生復盤。晚清四大名臣之首的曾國藩有寫日記的習慣，他的日記裡有很重要的一部分內容，就是自省。比如哪些做法不夠好、哪些想法有問題，他都會及時在日記裡記錄下來，督促自己改正。

這個方法特別好，我們也可以給自己準備一個「自省筆記」，在自律的過程中，發現自己哪方面有問題，就在筆記中記下來，就不會輕易忘記。我有許多小毛病，都是透過這個方法改變，過去我是一個很感性的人，總是莫名其妙地不開心，莫名其妙地焦慮，有一天我偶然看到稻盛和夫的一句話：「不要有感性的煩惱」這句話深深觸動了我，也能解決我的問題，於是我把它記下來。每當我莫名低落時，想想這句話，那些不開心便跑得無影無蹤了。

跟大家分享我的「自省筆記」（如下表），我的做法很簡單，把它們記在手機備忘錄裡，以便隨時記錄、隨時查看。

一點點修正自己的問題，其實也是「升級打怪」的過程。當你處於厭倦期時，可以更加精益求精，不斷地復盤總結，看看自己在做事的過程中犯了哪些錯，有哪些問題需要立即改正。

不斷地總結，不斷地修正，每一天都是新的一天，除了讓我們更輕鬆地堅持做一件事，還能讓我們更快速地成長。人本來就是在做事的過程中成長的，不做

自省筆記

今天下午 4:20 未分類▾

需要記住與執行的

1. 不要有感性的煩惱

2. 「牛人」問了不該問的問題，不必過於坦誠，不要著急和「牛人」合作（編注：牛人，意指此非常利害或作了令人意想不到的事情）

3. 自信勝過一切

4. 等別人說完，充分了解了對方的想法後再開口，不要急著給答案，多聽別人的意見

5. 只給真正對的人提建議，不然只會換來別人「不買」的理由

6. 不要有多餘的動作，把所有的時間、精力和流量都集中在當下最重要的事情上

事，想再多也很難成長。

復盤時，我們可以從以下幾個方面入手。

01、尋找厭倦的原因。首先聚焦於事情本身，確定它有哪些流程不夠合理，需要修正。例如有一個專案你做了三個月依然進展緩慢，自己也快耗盡熱情了。這時要靜下心來想一想，到底哪個環節出問題？是哪個環節造成進展緩慢？有沒有方法可以解決？

02、可以修正的細節。在做一件事情的過程中，會有很多的小細節值得注意，如果你發現它有可以修正的空間，就及時記錄下來，培養做筆記的習慣，督促自己去改正。一些不起眼的小細節，改變了就可以讓做事更高效，也因為要改變這些小細節，所以你會賦予這件事不一樣的意義。

03、調整自己的心態。曾國藩經常在日記裡寫自己的心態，比如傲慢了、自大了等，及時記錄下來以後督促自己改正。我們在自律的過程中肯定也會有各種各樣的心態：沒有自信，或者遇到困難總是想退縮，把這些心態記錄下來，督促自己改正。

心態不好，很難堅持下去，只有意識到問題，才能改變它。

04 讓自律像吃飯、喝水一樣簡單輕鬆

洗臉、刷牙、吃飯、喝水這些事情你覺得困難嗎？不，你會覺得很簡單，這些事我們做了幾十年，早已成為一種習慣，這就是習慣的力量。當一件事情被養成習慣後，根本不需要自律，你會本能地去做它，不會排斥、不會厭倦，甚至不覺得有絲毫的痛苦。如此你根本不會覺得是在堅持，因為不去做你才會感到難受。

我現在對於寫作的態度也是如此。很多人覺得我堅持寫作十二年太厲害了，但其實

對於我來說，它已經成為一種習慣，哪天不寫我就渾身不舒服，覺得這一天好像虛度了，三天不寫，我就覺得自己變得面目可憎。即使曾經有厭倦過，曾經覺得沒意義過，但本能驅使我繼續坐下來寫，頂多就是狀態差一點。那麼，怎麼才能讓自律變成一種習慣呢？

1 不要違背原則

作家村上春樹30多年寫了13部長篇小說。隨著年齡的增長，體力逐漸衰弱，他決定利用運動來強化體能。他選擇跑步，每週堅持跑60公里，不管工作多忙，天氣多麼惡劣，幾乎從不間斷。當然村上春樹也有過厭倦、不想跑的時候，但無論如何，他最終一定會去跑步，甚至還寫了本書《當我跑步時我在想什麼》。

「違背了自己訂下的原則，就算只有一次，以後就將違背更多的原則。」這是村上春樹的自律感悟。就像原本規劃每天讀10頁書，你堅持了十天，在第十一天的時候，不太想讀了，跟自己說：「算了吧，今天就不讀了，一天不讀也沒什麼影響的。」一天不讀書，確實沒什麼大不了的，但以後每次不想讀的時候，你都會想：「算了，今天不讀了，反正又不是第一次了。」直到某一天你會忽然驚覺，自己居然一個月沒有讀書了，頓時覺得好懊惱，也會忍不住回想：「明明說好每天讀10頁，為什麼居然一個月都沒有讀呢？」這就是從你第一次破壞原則開始的。

- 我已經三個月沒有吃蛋糕了，今天多吃一點沒關係的。
- 我已經努力半年了，應該讓自己休息一個月。
- 我已經一個月沒購物了，今天可以多買一點。

這些都是「補償心理」作用。看上去合情合理，但實際上，依然是你為自己找的藉口。一般來說，因為厭倦不想動而破壞原則，我們會有罪惡感，但因為補償心理而破壞原則，則不容易被察覺，甚至我們還會覺得自己做得沒問題。在習慣養成階段，不要輕易破壞自己訂下的原則，原則被打破一次，就會有第二次。當然，你訂的原則一定是合適的。原則定下來以後，在執行過程中會出現兩種情況：一種是不想動，心生抵觸；另一種是可以很輕鬆地完成目標。

對於後者，不需要把目標擴大，你可以選擇超前完成。例如你計畫每天看10頁書，但每天都忍不住看20頁，不用急著改目標，這樣每天你都會很有成就感，因為你超前了呀！等習慣養成以後，再根據即時情況做調整。

對於前者，我們要做的就是不給自己找任何藉口，你計畫每天讀10頁但經常不想動，想補償一下自己，這時一定要記住不能破壞原則，再不情願也要拿起書本翻閱，不要求自己記住多少內容，只要做了拿書翻閱這個動作就好。當然，偶爾一、兩次品質不高沒關係，如果品質每次都不高，那就要重新考慮這件事是否合適、計畫是否合適。

2 重複次數足夠

心理學上有個結論，一個人二十一天都重複做一件事，就會養成習慣。當然，這個結論並非無懈可擊，也有人說，需要重複六十六天。每個人情況不同，不能一概而論。我們只需要記住一點，要想養成習慣，就需要重複足夠的次數，大腦和肌肉形成記憶，就會本能地想去做那件事，而且越做越輕鬆。

所以，你想養成哪種習慣，重複去做就好了，直到它成為你的一種本能反應，但重複是一個相對枯燥的過程，怎麼能保證我們會一直重複下去呢？可以運用下列四點小技巧。

01、從小習慣開始。做任何事情都需要循序漸進，一開始不要挑戰很難的習慣，可以從小習慣開始。例如寫作，不要一開始就挑戰每天寫3000字，可以每天寫100字，這個目標特別小，完成度自然也會特別高。

一種小習慣的養成，會讓你更自信，然後在這個基礎上，再一點點增加難度。當你每天寫100字覺得很輕鬆時，可以改成每天寫500字，以此類推，後面就可以很輕鬆地實現每天寫3000字。前期每天寫的100字也不要浪費，你可以發文，這樣你會更有動力。

02、一個階段只養成一種習慣。不要試圖一下子養成多種習慣，那樣難度太大，很容易堅持不下去，你的精力也會被分散，效果肯定大打折扣。所以不要貪多，一個階段只養成一種習慣就好。

03、儘量固定時間。如果條件允許，儘量固定時間做同一件事，更容易養成習慣，因為時間和事件綁定，大腦更容易記住。如果條件實在不允許也不用沮喪，頂多花的時間比別人多一點，也沒什麼大不了的。

04、把習慣寫進清單裡。一定要把想養成習慣的事情寫進每日清單裡，這樣可以提醒自己，時間一到就要行動，避免自己一忙就把它忘了，或者根本沒有預留時間。把習慣養成當作一項工作認真對待，你越重視它，越容易按時完成，自然也越容易儘快養成習慣。

在重複的同時，我們可以給所做的事情適當增加難度和趣味性，讓它一直都有新鮮感。總之，不管用什麼方法，只要你能保證一直重複做一件事，就是養成習慣的開始。

3 幫自己貼標籤

我曾經發文說過一句話：「不要隨便給自己貼標籤，如果一定要貼，記得貼好的，別貼不好的。如果你天天說自己是一個不自律的人，就會變得越來越不自律。」

有人留言評論說：「難道我天天說自己是一個自律的人，就能變成自律的人了嗎？」

答案當然是否定的，單純的逞口舌之快沒用，它需要和行動結合。標籤是一種心理暗示，如果你跟一個人還不認識，他人就告訴你，這個人「小氣、吝嗇」，你就會在心裡排斥他，跟他相處也會不自在，甚至處處提防。給這個人貼上「小氣、吝嗇」的標籤。

有一句阿拉伯諺語說「面具戴久了，就變成你的臉了」。為什麼會這樣？明明只是戴了一個面具而已啊，為什麼最後變成臉了？因為當你戴上這個面具，就會不停地暗示自己：這是我真實的樣子，我需要向這個樣子靠攏。重複的次數多了，就養成了習慣，也會在心裡越來越認同。一定要給自己貼好的標籤，不管是跟自己對話、跟別人聊天，還是發文，都儘量正向一點。

我給自己貼的標籤是「堅持」、「高效」、「每天工作3個小時」、「寫作達人」。標籤都貼出來了，當然要朝著這個方向努力，所以會時刻要求自己，一定要高效，一定要能堅持做一件事，一定要把寫作這件事做好，一定要爭取每天只工作3個小時。

當我自己實踐這些標籤時，傳遞出來的信號別人也能接收到，所以慢慢地大家都知道我是一個很高效的人，並且非常能堅持，還很擅長寫作。這反過來又會督促我，一定要這麼做，因為我本身就是這樣的一個人，如果做不到，我的特色和優勢就沒有了。

我們不要成為傳播負能量的人，更不要天天沉浸在自己營造的負能量裡。你的敵人，只有你自己。

第 6 章

為什麼越著急越無法自律

> 魔鬼同上帝在進行鬥爭，而鬥爭的戰場就是人心。
>
> ——杜思妥也夫斯基（F. DOSTOYEVSKY，1821~1881）

自律之所以被稱為「自律」，是因為決定輸贏的，只有我們自己，這是一場自己和自己的鬥爭。許多剛開始自律的人，都會有以下這些狀況。

1．想堅持每天早起看書，還沒開始做呢，就害怕自己會辛苦很久，但最後得不到自己想要的。每天想這些事情，根本靜不下心來看書。

2．想做自媒體，剛堅持更新了兩天，看閱讀量低，就急得到處詢問，到底怎麼做才能讓閱讀量提高呀？

3．別人一個月寫了20篇文章，自己卻只能寫5篇，覺得自己很失敗，既焦慮又沮喪。

4．一下子列了很多計畫，要求自己每一個都高品質完成，如果某天有突發狀況，導致一個計畫完成得不理想，就陷入自我否定中。為了更好地自律，從來不休息，不享受生活。

為什麼會出現以上這些情況？因為人喜歡得到即時滿足——決定做一件事，恨不得馬上看到績效。如果績效一直出不來，就等於是延遲滿足，是大多數人都無法接受的。

20世紀60年代，美國史丹佛大學心理學教授沃爾特．米歇爾（Walter Mischel）做過一個關於「延遲滿足」的實驗。研究人員找來10幾名兒童，在他們面前放上棉花糖、曲奇和餅乾棒等零食。研究人員告訴他們，可以選擇馬上吃掉零食，也可以選擇等到研究人員回來後再吃，如果願意等待會得到更多的棉花糖。

為了抵擋誘惑，有些孩子捂住眼睛，不看面前的棉花糖；有些孩子做小動作，比如踢桌子、扯辮子等轉移注意力。但大多數孩子堅持不到3分鐘就放棄，拿起桌上的棉花糖迫不及待地吃掉了。只有三分之一的孩子堅持了15分鐘，等到研究人員回來才拿起棉花糖，而多年後，能堅持忍耐更長時間的孩子有更好的人生表現。

我們會發現越是心態急迫的人，越不容易自律。一個人太著急，就會導致一些不好的結果，例如容易感到疲憊、焦慮、擔心，以至於對自己嚴苛。

01、疲憊。本來一件事情可以三個月完成，但你想更快地看到結果，就想用一個月的時間來完成。同樣的工作量，時間縮短了，每天花費的時間增加後，休息時間就變少，身體會覺得疲憊，又因為著急，心也會覺得累，所以到最後就是身心俱疲。

02、焦慮。人為什麼會焦慮？就是因為想要的東西暫時沒有得到，但又急切地想要得到。如果想要的都得到了，或者有合理的預期，知道可以慢慢來，也就不會焦慮了。所以，越是急著自律，或想透過自律取得成就的人，越容易焦慮，一焦慮就靜不下心，靜不下心就無法自律，形成惡性循環。

03、擔心。很多人在自律時，會有各種擔心，擔心結果不好、擔心過程不可控、擔心別人會取笑自己。過於擔心，是一種精力內耗，精力被這些雜念消耗了，又怎麼能更好地去自律呢？

04、嚴苛。為了儘快地看到成果，有些人會對自己特別嚴苛，要求自己完美無缺。過於嚴苛會讓人情緒失控，讓人焦慮崩潰，讓人沒有動力堅持，反而不利於自律。很多人自律不成，而且變得脾氣暴躁，就是這個原因。如果自律沒有做到，成果也沒有看到，自己卻變得面目全非，這就已經違背了我們自律的初衷。

我們為什麼要自律？因為越自律越輕鬆，越自律越自由，我們最終的目的，是透過自律變得更輕鬆更自由。到底怎麼做，才能不違背自律的初衷，讓自己越來越輕鬆、越來越自由呢？

01 別在疲憊狀態下自律

有時候一整天的工作都很忙，從早到晚沒有充分休息，晚上下班時，累到連話都不想說。這時候如果讓我去學習，根本不可能有任何效率可言，情緒也會很糟糕，會想發火，情緒低落。太疲憊的時候，我是沒有辦法自律的，就算平時情緒管理得很好，學習效率也很高，但只要累了，學習效率就會降低，甚至我會忍不住無止境地刷短影音，試圖用這種方式來讓自己恢復元氣。

一個人在疲憊的時候，很容易自律失敗，所以，想要更自律，就不要讓自己太疲憊。

1 睡眠充足

晚上睡覺前突然想到某件事情還沒做，但根本沒有動力爬起來去做，只能跟自己說：「先睡一覺，明天起來再做吧！」第二天醒來，神清氣爽，再想到需要做的那件事，會立即從床上爬起來，快速把事情完成。這樣的情況，你一定經歷過吧？

許多人為了自律，把睡眠時間壓縮再壓縮，某些勵志偶像、成功人士也會宣稱自己一天只睡3個小時。之前網路上有人分享一天工作18個小時，運動1個小時，只睡5個小時。如果你也盲目這麼做而導致睡眠不足，會帶來很多負面影響，如注意力難以集中、記憶力下降、精神狀態欠佳，動一下覺得累、控制不住情緒而容易衝動、免疫力下降、身體變差。

不要複製別人的作息時間表，每個人對睡眠的要求是不一樣的，有人睡5個小時就夠了，有人需要睡8個小時，可以根據自己的精力來判斷睡眠是否足夠。你可能會說：我也想睡眠充足，但要做的事情很多，時間根本不夠用，怎麼辦？

本書前面介紹許多方法，例如一個階段只做一件事，以及根據自己的時間、精力和能力來制定目標。除此之外，還可以提高工作和學習效率，以及管理好自己的時間。這些方法，都可以讓我們有睡眠的時間。如果已經這麼做了，可時間依舊不夠用，真的必須壓縮睡眠時間的話，那就記住請循序漸進。以前每天睡8個小時，不要一下子只睡5個小時，可以從每天睡7個小時開始，一般來說睡眠減少1個小時影響不大，但這1個小時可以做很多事情。

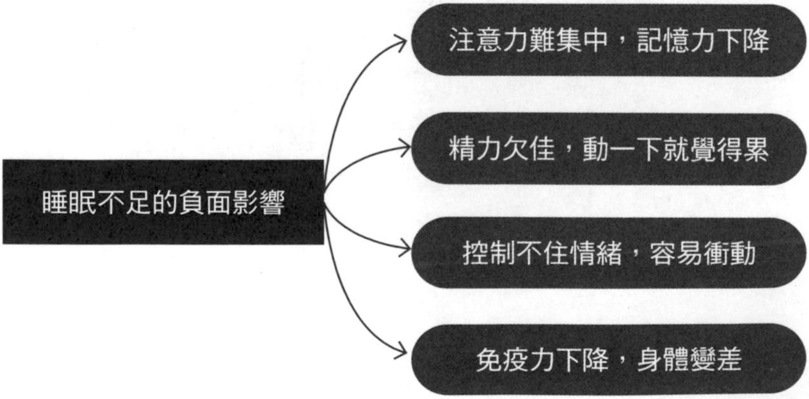
睡眠不足的負面影響
注意力難集中，記憶力下降
精力欠佳，動一下就覺得累
控制不住情緒，容易衝動
免疫力下降，身體變差

跟睡眠時間比起來，最重要的是睡眠品質。

首先，不要熬夜。如果你淩晨3點入睡，即使睡夠8個小時，也依然會覺得累。除非工作需要，長期堅持這種作息，形成了生理時鐘，否則，儘量在12點之前入睡。

其次，不失眠、不做噩夢。如果躺在床上遲遲不能入睡，好不容易睡著了又噩夢不斷，早上起來整個人都會無精打采的。有這種情況，還是先找到睡眠不好的原因，儘快解決這個問題，不然睡再長時間也無用。人只有精力充沛，自律的效率才會更高。

2 學會「甩鍋」

我婆婆是典型的家庭主婦，不管是做飯還是洗衣、拖地，都做得無可挑剔，當然，她對家裡的每一個人也都很挑剔，也不輕易使喚人。即使自己身體不舒服，也堅決不說出來，還是繼續操持家務，結果身體就更不舒服了，連帶著心裡也不舒服，開始嘮叨一家人，覺得大家都不心疼她。

許多人之所以累，就是因為和我婆婆一樣，事事都要親力親為，總覺得別人做得不好，或者不想開口使喚別人。經常有人給我留言：「小小老師，我自己很想學習，但既要帶孩子又要做家務，每天累得不行，完全學不進去。」我一般都會建議：家務活讓家人一起承擔或者找個鐘點工，如果父母願意帶孩子，也可以請他們幫忙，哪怕在一起有點小矛盾，可能會讓你受一點小委屈，只要可以讓你更輕鬆，就值得。

人的精力有限，什麼事情都自己做當然會累，所以要學會「甩鍋」，多利用身邊的資源，解放自己的時間和精力。長遠來看，這會對你的人生更有益。有人會說：我也想「甩鍋」，但別人都不願意幫我做，我能有什麼辦法？以下兩種方法可以試一試：

01、付費。在能力範圍內，能花錢解決的就儘量花錢。例如做家務會花費很多時間和精力，可以找鐘點工；需要帶孩子可以找保母。

除了生活瑣事，工作和學習上的事情也是一樣的。找專業的人做專業的事，既可以高效解決問題，又可以節省你的時間和精力。因為不會的事情，從頭學太難了，也太消耗精力了。值得學習的事情，也儘量花錢跟專業的人學，而不是自己漫無目的地搜找免費的資源，太累也太浪費時間，效果還不好。

02、和家人分工。如果沒辦法付費，那就請家人幫忙做好分工，每個人分擔一點，大家都不至於太累。但是家人之間如果有人不遵守約定，就很容易有矛盾。所以最好把這個分工明確寫出來，如果對方不做，自己堅決不要包攬過來，更不要因為看不慣對方做的而自己動手，這都是在破壞規則。

其實，不管是家裡的事還是公司的事，誰都可以去做，不要把自己看得太重要，不要覺得自己不可或缺，更不要覺得只有自己做的才是好的。有些事情，可以降低一點標準，睜一隻眼閉一隻眼就行，不要在無關緊要的事情上消耗心力。做的太多會累，「看不慣」的太多也會累。

3 別太追求完美

在寫這本書時，我制定了一個詳細的計畫，除了休息時間，每天至少寫３０００字，有時候狀態好，還能一口氣寫５０００字。但是有兩天因為要找資料，而且中途被雜事打亂，結果一下午只寫了１０００多字，這讓我覺得很沮喪。正常情況下，我通常10分鐘就可以寫這麼多字，但那天我居然花了整整一個下午的時間。當時我第一個念頭是：晚上我要加班繼續寫，一定要寫夠３０００字。

但我很快意識到這幾乎不可能，因為當天晚上我還要直播，結束時已經10點了，不可能再加班了。這讓我差點崩潰，有一種深深的失控感。

如果這麼發展下去，那麼晚上直播也會沒心情，覺也睡不好，所以我立即更換思路，開始找替代方案。我算一下時間，就算我當天只寫了１０００字，週末多加半天班就好了，這對我來說並不是很難的事。既然加半天班可以解決，那就乾脆放過自己，愉快地直播，直播完再愉快地休息。只有休息好了，第二天的工作才不會受影響，不然每天都做不完，一天天累積，最後就真的完成不了。

有時我們覺得累，是因為總想著讓結果完美一點。但在做事的過程中，又因為各種狀況的出現，結果不那麼完美，心態崩塌便身心俱疲。人又不是機器，怎麼可能事事完美呢？如果某天實在不想行動，還可以降低門檻，只讓自己去做那個動作就好，不管結果好壞。反過來也一樣，有時候我們滿懷信心地去做某件事，但做出來的結果沒那麼好，就當是降低門檻了。只要不是次次都如此，沒什麼大不了的，不用太苛責自己。當然，我們也不能拿這個當藉口，天天敷衍了事。不追求完美，有以下兩個前提。

01、認真在做。你在認真地做這件事，只不過中間遇到一些狀況，比如事情難度大或者有別人打擾，所以結果不那麼如意。偶爾出現這樣的情況，不是你的問題，只是一些不可抗拒的因素。那麼就接受它，而不是在心裡打擊自己。

02、有解決方案。結果不那麼滿意，要有解決方案，這樣才能保證既不讓自己為難，又可以達到想要的效果。比如今天讀的10頁書沒有理解意思，可以明天再讀一遍；對自己今天寫的文章不滿意，可以明天再寫一遍；今天工作量沒做夠，可以明天補起來。這都是合理的解決方案。

最重要的是，我們要在心裡放過自己，別把自己逼得太緊，別讓自己在已經很疲憊的情況下，依然做很多事情。如果今天太疲憊了，有些事情也可以放到明天再做。事事追求完美，整個人繃得太緊，這本身就會讓人覺得累。

放輕鬆一點，允許自己偶爾犯錯，偶爾拿不到好結果。心態越放鬆，人也越輕鬆。

02 越焦慮，越不容易自律

經常有粉絲問：「我很焦慮怎麼辦？有沒有辦法緩解焦慮？」有人還會給焦慮加上一個形容詞「莫名其妙的焦慮」，就是不知道自己為什麼焦慮，但就是焦慮。一般來說，焦慮形成的原因有以下這些。

01、過於在意他人的看法。有些人很在意外界的看法，總害怕自己做不好別人會笑話。有學員就曾說過，他寫了文章不敢發給老師看，怕寫得不好老師不開心，甚至笑話他。這種在意，讓他很焦慮。

02、過度自責。事情沒有做好，天天在心裡指責自己，後悔當初為什麼不選擇其他做法，結果就越來越焦慮。例如在寫作上落後於人，就開始自責，為什麼當初不逼自己多努力一下呢？

03、太著急看到結果。急著想看到結果，所以心裡焦慮得不行，完全靜不下心來，讓你每天各種懷疑自己，產生各種不開心和情緒失控……

蘇東坡的《定風波》這首詩背後有一個故事。蘇東坡的好友王定國被貶到嶺南，歌妓寓娘與之隨行。嶺南是一個荒僻之地，生活條件極其艱苦，韓愈曾寫詩敘述被貶南遷時經受的苦難：「下床畏蛇食畏藥，海氣濕蟄熏腥臊。」那裡生活有多讓人崩潰，由此可見一斑。

寓娘多年後歸來，蘇東坡問及嶺南的生活，寓娘答：「此處心安，便是吾鄉。」蘇東坡大受震動，也感同身受。他一生也是多次被貶，在他人看來，他的生活簡直太糟糕了，但他每到一個地方都會研究當地美食，靜下心來好好生活，所以心裡一直很愉快，也有許多文學上的成就。

只要心安定，再艱難的境遇，再繁重的工作，都不能把人打垮。避免焦慮，讓自己平心靜氣，好好學習、好好工作，比任何技巧都管用。

可是，我們怎麼才能避免焦慮，讓自己靜心呢？

1 緩解焦慮的5個方法

我們都知道焦慮不好，都想要靜下心來，可不知道怎麼控制焦慮情緒。介紹幾個很好用的方法，既不會花太多時間，又立竿見影，對環境也沒有過多要求，隨時可以做。

01、抄寫。曾經有兩年時間，我事業處於上升期，整個人心態過於急迫，陷入焦慮中，嚴重的時候，連靜下心看書都做不到。有位朋友送了我一本《心經》，我試著抄了幾天，第一天沒什麼感覺，第二天抄完了，忽然有想落淚的感覺，第三天感覺沒有那麼焦慮了。

現在我們幾乎都用電腦或手機打字，很少手寫東西，但其實手寫，速度慢下來，沉浸在一撇一捺裡反而容易靜心。許多人喜歡手寫日記，也是一種靜心的方式。焦慮的時候，抄抄《心經》，寫寫日記或者抄寫自己喜歡的句子，都可以。總之，讓自己沉浸在文字裡，等心靜下來，再去想其他更有難度的事情。

02、運動。有研究發現，改善心情、緩解壓力最有效的方式，是專注5分鐘的運動。當你焦慮的時候，不要沉浸在自己的焦慮中，而要走出去，看看更廣闊的天地，也可以在家裡的跑步機上走幾分鐘。

運動可以釋放不好的情緒，因為運動時大腦可以分泌多巴胺，能讓人變得開心起來，人一開心了，壞情緒就跑了，而且運動也是一種放鬆方式，讓人抽離了原來的環境，從身體到心理都會處於放鬆狀態。人越放鬆，越不容易焦慮。

03、冥想。冥想是現在比較流行的方式，App 上也有許多冥想音樂，跟著音樂想像畫面，人可以短暫地抽離原有的環境，神遊到一個更美好、更輕鬆的環境裡，身體和心靈都會得到放鬆。

不想跟著音樂，也可以自己靜靜坐著，閉上眼睛，想像一些美好的事情或者什麼都不想，完全處於放空狀態。每天早上或晚上做幾分鐘，把心裡的雜念去掉，你會越來越平心靜氣，越來越發現，焦慮的那些事情好像不值一提。

04、聽音樂。音樂有療癒效果，焦慮的時候，聽一聽優美的音樂，心情也會好很多。我一般會在臨睡前，聽聽輕音樂或者白噪音（如雨聲、自然之聲），偶爾也會聽「佛音」。聽這些音樂的時候，會覺得人在自然面前很渺小，也會覺得這世界很美妙，焦慮的那些事情，其實沒有那麼重要。最好不要聽悲傷的音樂，不然焦慮加悲傷，心情更難受了。

05、深呼吸。這是最簡單的方法。焦慮的時候，深深地吸一口氣，再慢慢地呼出去。如此重複幾次，那顆躁動不安的心便慢慢地靜了下來心，也就安定了。莫名其妙地想發火的時候、看不下去書的時候都可以試試，先深呼吸幾次，再決定要怎麼做。人之所以焦慮，就是總是追求快，讓自己慢下來，即使只是慢幾分鐘，焦慮也會被趕跑一大半。

2 不要和別人攀比

每次開寫作班，我都會跟學員強調：「千萬不要和別人比，只要和你自己比就好了。」我之所以這麼強調，是發現有些學員特別容易焦慮。別人把課聽完了，自己沒聽完，覺得很焦慮；別人很快就把作業寫完而且寫得很好，自己卻寫得很艱難，覺得很焦慮；別人已經交好幾次作業，自己一次還沒交，覺得很焦慮；別人上稿了，自己卻被退稿，再次覺得很焦慮……

焦慮的結果是整個人心浮氣躁，像無頭蒼蠅一樣亂撞，連靜下心來好好聽一節課都很難做到。其實，他們也是有很大進步的，也做了很多事情，只是他們只看到別人，始終看不到自己，許多人的焦慮都來源於比較。老是和別人比，你會發現，不管自己多麼努力，取得多麼好的成就，也總是處於焦慮之中。

我們要學會只和自己比，只注意自己，別人和我們沒有關係。把注意力放到自己身上，才能真正靜下心來。怎麼做，才能做到把注意力放在自己身上呢？

01、不過度注意別人。同一個圈子的人或者身邊的朋友，很難徹底迴避，但我們可以不過度注意，不主動詢問別人做了什麼，有什麼成就。控制一下自己的好奇心，你打聽到的事情越少，越容易靜心。

如果你覺得自己沒有動力，堅持不下去，那麼可以多看看別人的成就，刺激一下自己。但剛剛才說不過度注意別人，這樣是不是自相矛盾呢？其實不矛盾，不同的階段，我們需要做的事情不同。想找刺激的時候，可以注意別人，讓別人的成就給你動力；但很容易焦慮的時候，就把目光收回來，只放到自己身上。

02、多注意小事，少關心大事。有些人一說到世界格局就侃侃而談，一看到網路上的新聞就各種指點江山，卻不知道離家最近的菜市場在哪，從不幫媽媽洗一次碗。在工作和學習上也一樣，總想了解行業動態，了解誰一夜暴富了，誰的公司上市了，誰被封鎖了，誰被罰了。可是這些事情除了讓你焦慮，還有什麼用呢？不如多關心小事，比如文章的標題怎麼取、怎麼發文、今天要看哪幾頁書、讀書筆記怎麼做。注意具體的小事而不是離自己遙遠的大事，你會更務實，也會少很多焦慮。

03、注意自己的計畫，不輕易動搖。想要專注於自己做的事情，很重要的一點是按照計畫去執行，一旦決定了就別輕易動搖。許多人的焦慮都是源於自己的不堅定，別人說什麼信什麼，就越容易焦慮，因為你不確定自己要做什麼。

世上道路千萬條，每個人想走的路都不同，你確定了自己想走的路，就不要羨慕其他路上的風景。你確定了自己的前進速度，就不要羨慕別人比你走得快。就像在高速上開車，旁邊有無數輛車會從你旁邊超車過去，但那又怎麼樣？最後你不是到達目的地了嗎？如果你一直看著別人的車呢？極容易分神，還會忘記路。

3 可以反省但不要後悔

在一個人的一生中，會有無數個後悔的時刻。我自己人生中最後悔的事情，是在紙媒黃金期中斷了寫作。那時我已經在幾個知名雜誌上發過幾篇文章，好好寫下去，肯定能實現自己的寫作夢。但是，因為結婚生孩子，身體和心理都有很大的改變而沒有堅持下去。多年以後當我再次開始寫作時，已經是紙媒的沒落期了，那時我經常後悔，為什麼當初要放棄呢？每次想到當初的放棄，都會覺得很焦慮，同時在心裡不斷地否定自己、打擊自己，但後來意識到焦慮也沒什麼用，我能做的就是吸取教訓，不要讓類似的事情再次發生。

全職寫作的第二年，我懷了第二胎，這對我來說又是一個考驗，但我不想再因為任何事情中斷寫作了，於是我做了兩件事。第一件事是減少寫作量，但絕不中斷。孕吐最嚴重的時候，寫一會就吐，吐完了就接著寫，工作可以少一點，但一定不能長時間不寫作。根據過去的經驗，如果長期不寫，就很難維持好的狀態，後期需要花費許多時間和精力才能延續。第二件事是提前完成進度，例如進醫院待產的早上，我還坐在電腦前發信給編輯，因為坐月子的時候，肯定是沒有辦法工作的，我就提前把所有文章都交出去。

現在我已經不再後悔當初的決定了，反而覺得那是一段很好的人生經歷，如果沒有那段經歷，就不會有後來那麼堅持的自己。做了不滿意的事情，不要陷入無止境的後悔中，那樣除了讓你焦慮、對自己不滿外，沒有任何幫助。但是，你可以從中總結經驗和教訓，然後想辦法彌補。

如果某件事情讓你後悔，你可以問自己幾個問題。

01、我為什麼會後悔？其實就是找到後悔的原因，例如，上學時沒有好好讀書；寫作時沒有一直堅持；輕易地換了工作……我們都要從中吸取教訓。

02、能不能彌補？例如上學時沒有好好讀書，現在是可以彌補的，雖然彌補的效果會打折，但總比什麼都不做強。因為情緒不佳而吼了孩子，可以跟孩子道歉或者陪孩子玩，都是一種彌補。

03、下次要怎麼做？例如這次情緒不佳吼了孩子，當下次情緒不好時，先一個人在房間裡待一會。人會因為反省而變得更強大，做錯事不要緊，人生在世誰無錯？重要的是，錯了以後怎麼辦呢？

03 越擔心，越不容易自律

丹．詹森（Dan Jansen）是美國的一位競速滑冰運動員，是歷屆奧運會的奪冠熱門運動員，但他連續七次都與金牌失之交臂，有時是因為不小心滑倒，有時是因為情緒波動大。這就是著名的「詹森效應」，一個人得失心越重，越擔心發揮不好，就越容易發揮不好，從而導致不好的結果。值得欣慰的是，當第八次參賽時，詹森終於打破「詹森效應」，獲得金牌，為自己的奧運之旅畫上圓滿的句號。「詹森效應」在生活裡處處可見：越擔心考試就越考不好；越擔心面試就越容易發揮失常；越擔心自己做不好專案就越是做不好……

在自律的路上，如何讓自己的心態輕鬆一點，不會總忍不住擔心呢？下面幾個方法可以好好運用。

1 降低預期

你擔心自己做不了，其實只要降低預期就會發現自己完全可以做到。我們可以從以下三個方面降低預期。

01、時間。別人做一件事情兩天就做好了，你擔心自己做不到，就給自己多一點時間嘛。許多人一旦決定要做某件事，總想要用最快的速度把它做好，用最短的時間看到效果，可是這樣一來很容易擔心、焦慮，壓力也會比較大。不如慢一點，只要能堅持不懈，可能反而會比較快，給自己多一點時間，看起來好像很慢，但能很好地自律，就是一種快速達到目的的方式。

02、精力。很多人想要的是「躺著贏」，不費吹灰之力，想要的就都得到了。說簡單點，就是惜力，希望少出一點力。但結果往往被打臉。既惜力又預期這麼高，你不擔心誰擔心！

有句老話「笨鳥先飛」，意思是我沒有別人聰明，沒有別人悟性好，沒有別人起點高，那我比別人更努力行不行？只要肯多花精力，你會發現沒有什麼是你做不到的。如果累一點，但能把事情做好，那何樂而不為呢？這個世界不缺聰明人，只缺肯下功夫的「笨」人。

03、結果。許多人做一件事情，是朝著最好的結果去的。創業就想著一夜致富，投資想著身家翻倍，寫作就想著成名成家……目標定這麼高，當然要擔心，因為真的太難達到了呀。把結果降到最低，給自己設一個下限，只要達到這個下限就行。例如創業只要別虧太多就行、投資只要保住本金就行、寫作只要能順暢地寫出來就行……

預期這麼低，想失敗都很難，自然也不會焦慮、不會擔心。當然，結果也是要不斷變化的，每個階段都定一個最低預期就好，等這個階段的預期達到了，再往上提一提，循序漸進。只要你一直持續在做這件事，其實結果都會超出預期。

2 切斷擔心源

適當的擔心不是壞事，反而可以督促你更好地自律，但如果擔心造成壓力，讓你已經完全靜不下心來，那就要想辦法解決。

第一步，是要知道擔心到底源自於哪裡。

把你最近想做的事情列出來，然後再寫下擔心的地方。

每個人擔心的細節不同，不管大小，如實地把它們記錄下來。你會發現，擔心無非有五個方面：① 擔心工作量太大；② 擔心不知道怎麼做；③ 擔心中途有不可控因素；④ 擔心結果不好；⑤ 擔心別人的評價。

事件	擔心什麼
粉絲專頁	不能日更、資料不好、讀者批評
寫作	寫不出來、別人取笑、賺不到錢
做專案	到截止時間做不完、主管不滿意、不知道怎麼做

接下來我們要做的第二步，是針對擔心的源頭尋找解決方法。

01、擔心工作量太大，怎麼辦？怕自己做粉絲專頁不能日更、怕到截止時間事情做不完，其實都是擔心工作量太大，時間緊任務重，自己的時間和精力不夠用。有這種情況時，一定要寫計畫清單，每天做什麼事情，什麼時間做，都要寫得清清楚楚、明明白白的。粉絲專頁想保持日更，就要每天留出1個小時更新時間，最好固定時間，這樣就能保證99%的時候是可以按時完成的。遇到特殊情況，偶爾沒完成，也沒什麼大不了的。

做專案也一樣，我們在做計畫時，就要給自己留一點點餘地，這樣即使偶爾做得不好，也有時間彌補（具體的制定計畫的方法，我們前面有講解，這裡不再贅述）。當你因為工作量太大而感到壓力太大時，就把計畫表拿出來看一看，看完就平心靜氣了。

02、擔心不知道怎麼做，怎麼辦？例如你想做自媒體或者在公司接了一個專案，但是，完全不知道這件事情怎麼做，不知道從哪裡下手。這時不要自己瞎想，可以和主管多溝通，主管既然交給你，一定是在你能力範圍之內的，只不過你還沒有理順而已。透過學習和請教，把事情理順，分成一個個小步驟，將難度降低，你的壓力也就沒那麼大了。

03、擔心中途有不可控因素，怎麼辦？例如做粉絲專頁擔心別人舉報自己抄襲或模仿，如果你有這個擔心，那就說明你可能在打這個擦邊球。最好的方式，當然是不去抄襲，自然不擔心被人舉報。有擔心是好的，因為你意識到風險，你要做的，就是把風險提前消滅，如果提前消滅不了，那就提前想好備選方案A和B，這樣中途出了問題，可以及時更換方案，不至於束手無策。

只要找到自己的壓力源，就一定能找到解決方法。你所擔心的，都有了解決方法，你的壓力是不是會減輕很多？至於擔心結果不好（賺不到錢），我們後面會講。

3 盡人事，聽天命

李汝珍在《鏡花緣》裡說：盡人事以聽天命。許多人覺得這句話太佛系，是在教人「躺平」，其實不是，我覺得它很勵志。所謂盡人事，就是盡心盡力地做事，拼盡全力地做事，把人的作用發揮到極致。至於結果如何，萬事自有它的規律，不是人為可以控制的，那就聽天由命吧。所謂聽天由命，就是不管結果如何，都坦然接受它。

不盯著結果看，只盯著事情本身，只監督自己有沒有把事情做好，這樣反而更能靜下心來做事，往往會有更好的結果。過於擔心結果，會讓你變得焦慮不安，不敢輕易付出。就像在公司上班一樣，有人會說：給我多少錢我做多少事，如果我做得多了，但公司不給我錢，我不是虧了嗎？但公司的想法卻是：這個人做多少事我給他多少錢，如果他做得好，我就幫他調薪。

萬一主管視而不見，就是不肯調薪，能力強的員工可以隨時跳槽，自己身上有本事，不愁拿不到高薪。其實做任何事都是一樣的，對於個人來說，想的是盡量少付出就能拿到高額回報，可世界的運行規律是：你只有多付出，才有可能拿到高額回報。就算付出了暫時拿不到，也可以換個地方拿。

也就是說，其實只要付出了，就很少會被辜負。只不過我們太急迫了，不肯靜待花開，以至於自己患得患失，走走停停，不肯全力往前衝。就算努力了很久，最後依然沒拿到好的結果，但在這個過程中，其實我們還是有很多收穫的，至少鍛煉了自己的堅持能力。

04

越嚴苛，越不容易自律

許多父母一心想把孩子培養成學霸，每天讓孩子上各種練習班、做各種高難度試卷，考試必須拿滿分，還要隨時在親戚朋友面前表演優秀的才藝。他們對孩子嚴苛的程度，旁人看了都覺得窒息。結果孩子沒有如父母所願地回回考第一，反而對學習毫無興趣，精神狀態也變得極差。生活中這類父母不少，可大多數時候，父母越是嚴苛，孩子就越是「不自覺」。

如果你對自己太嚴苛，也一樣會出現各種問題，造成自己無法自律。弦繃得太緊，總有一天會斷掉，我們不是機器，過不了機器一樣的生活。我們要自律，也要稍微放鬆一點，既能達到目的又能享受生活，才是最好的狀態。如果一直嚴苛反而享受不到生活的美，也很遺憾啊！

1 自律和放縱平衡

人人都想自律，討厭放縱。可如果每件事都自律，你很快就會發現，生活太沒有意思了，自律太苦了，不想再繼續了，內在驅動力直線下降，越來越沒有動力了，最後乾脆放棄。

我在寫上一本書時，嚴苛地要求自己，必須一個月內寫完，寫不完堅決不出門，不做任何雜事。寫到9萬字的時候，我的狀態非常不好，每天莫名其妙地情緒低落，甚至莫名其妙地想哭。效率更是大大降低了，以前每天下午寫3000字，後來寫1000字都難，最後，我決定不能再這樣下去了。正好當時北京有個我一直想參加的活動，原本我想著，書不寫完絕不走出書房，絕不參加任何活動，但那時我決定先把書放一邊，先參加活動再說。從北京回來以後，我又滿血復活了，不會再莫名其妙地情緒低落，書寫效率也恢復正常。那本書的後面幾萬字，寫得很輕鬆。這件事讓我明白，對自己要求過於嚴苛，並不是什麼好事，即使我自認為挺自律的，也依然會因為太嚴苛而失控。

那麼，怎麼做才能讓自律和放縱達到一個平衡呢？

01、不用每件事都自律。我們可以在工作和學習上自律，在生活中就適當的放縱一下。家裡髒一點就髒一點，不想化妝就隨意一點，不想煮飯就點個外送，當你覺得自律辛苦的時候，甚至可以去吃火鍋放縱一下。

人生真正值得自律的事情其實並不多，如果你無法判斷什麼事情該自律，什麼事情可以適當放縱，那麼可以從健康、益處、幸福感、家庭這四個方面來衡量，每項滿分為10分，看看能打幾分。

以煮飯為例，每天好好做飯，好好吃飯對健康會有幫助。自己做飯能省錢，等於變相的益處，家人也會比較開心，但自己沒有幸福感，所以綜合得分為12分（幸福感的分數因人而異，只要依自己的感受填寫就好）。20分以上，說明這件事對你來說很重要，可以自律，10分以下完全不用自律。10～20分可以看單項對你的影響是否值得自律，例如身體健康已經到了必須要減肥的地步，哪怕沒多少好處，也必須減。

再簡單點說，有些事情你非常想要，那就自律；有些事情你覺得可有可無，那就不用自律。有些事情，放縱一下也是一種治癒，在這裡覺得輕鬆了，做其他事情時，才會更有動力自律。

月分	健康	益處	幸福感	家庭	總分
工作	0	9	3	9	21
讀書	0	5	9	8	22
減肥	9	0	5	5	19
賴床	3	0	0	3	6
煮飯	5	2	0	5	12

02、不用每一天都自律。我曾經為了儘快把一個課程製作完，連續四個月每天都排滿工作行程，不僅每天至少寫5000字，週末兩天也不休息，還在錄製課。因為有強大的內在驅動力，課程如期完成，但一系列的「後遺症」也來了。

首先，因為錄製課程的時候用嗓過度，我的嗓子好幾個月都不舒服，說話時間長一點就會變聲，還會忍不住咳嗽。我不得不把直播的頻率降低，平時也儘量少說話，大概休息兩、三個月，嗓子才慢慢好轉。課程製作完以後，整個人疲憊至極，什麼都不想做。

所以，即使是很重要的、需要自律的事情，除非很緊急，否則要記得給自己留一點喘息的空間，否則很有可能會被自己制定的計畫給壓垮。

03、每天自律的時間不用太長。不必要求自己每天學習10個小時以上，否則注意力最後也會渙散、跟不上。即使每天自律時間不太長，只要制定好計畫，不要同時做太多事情，每天哪怕只有1、2個小時，只要高效運用，最終都能夠達成目標。

04、適當休息整頓。休息整頓並不是澈底「躺平」不動，而是減少一點工作量，讓自己既保持工作的狀態，又可以稍做休息。例如你堅持寫作每日更新發文一個月，一個月結束了，你覺得太累，身體吃不消，可以適當減緩一下頻率，等你休整得差不多了，再對自己制定新的挑戰。

2 一邊享受一邊自律

許多人應該都有這種想法：等我賺夠100萬元，就允許自己買昂貴的奢侈品；等我賺夠1000萬元，就去環遊世界。

「等我……就……」

這個句型讓我們對自己越來越嚴苛，因為只有達到某個目標，才能去做自己喜歡的事。

我以前也會有這種想法，總想著，等錢賺夠了，我就不這麼辛苦了，要好好享受生活。因此，我不允許自己浪費一點時間，週末幾乎排滿工作，就算和家人一起出去旅行，我也是心不在焉的，總盯著手機看，根本無法體會到風景的美。那時候我很焦慮，總想著快一點，再快一點，早點達到自己的目標，這樣就可以盡情享受生活了。

某一天和朋友聊起未來的規劃時，忽然意識到其實自己一輩子都不會退休的，只要身體健康，就會一直寫作、工作。既然如此，為什麼還要執著於賺夠錢才退休呢？就算退休後只想享受，萬一那時候身體不好呢？

既然一切都不確定，不如把握當下，想享受生活現在就享受，一邊享受一邊工作，一點也不衝突，只不過，工作節奏調得慢一點而已。想通了以後，我就開始週休二日，也跟著節日放假，想到哪旅行就去，還花時間去上課。上課後，我更放鬆，困擾我許久的焦慮就煙消雲散了，大家都說我不再那麼緊繃了。

本來以為享受了生活，工作必定會受影響。沒想到，每年在做總結時，發現工作一點都沒少做。因為「浪費」了一些時間以後，人會有一點愧疚感，也更有工作的動力，再加上放鬆以後狀態更好，工作和學習效率都會變高。

既不讓自己身心俱疲，又能做完自己想做的事，這才是正確的自律方式啊！我們要自律，要取得好的成就，也要有幸福感。這些並不難得到，只要你願意做一個長期主義者，願意慢慢來就可以。

最後，我衷心祝願你在自律中收穫幸福！

在舒適圈自律

作　　者：湯小小
責任編輯：黃佳燕
封面設計：Bianco Tsai
內頁排版：王氏研創藝術有限公司

總 編 輯：林麗文
主　　編：高佩琳、賴秉薇、蕭歆儀、林宥彤
行銷總監：祝子慧
行銷企畫：林彥伶

出　　版：幸福文化出版／遠足文化事業股份有限公司
發　　行：遠足文化事業股份有限公司（讀書共和國出版集團）
地　　址：231 新北市新店區民權路 108 之 2 號 9 樓
郵撥帳號：19504465 遠足文化事業股份有限公司
電　　話：(02) 2218-1417
信　　箱：service@bookrep.com.tw

法律顧問：華洋法律事務所 蘇文生律師
印　　製：博創印藝文化事業有限公司
初版三刷：2024 年 6 月
定　　價：380 元

國家圖書館出版品預行編目 (CIP) 資料

在舒適圈自律 / 湯小小著 . -- 初版 . -- 新北市 : 幸福文化出版社出版 : 遠足文化事業股份有限公司發行 , 2023.09
ISBN 978-626-7311-56-1(平裝)
1.CST: 生活指導 2.CST: 成功法 3.CST: 自律
177.2　　　　　112012961